Emma Curtis
Elizabeth Parnell

Brit-Chic
at its best

OZ creatív

Inhalt

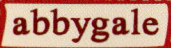

Hallo!

Abbygale ist eine neue und spannende Marke, die wir beide, Emma und Beth, entwickelt haben. Wir sind zwei bodenständige, ganz normale Frauen mit Familie und betriebsamem Leben. Kennengelernt haben wir einander, als wir für denselben Verlag gearbeitet haben, und wir haben schnell herausgefunden, dass wir ähnliche Lebensanschauungen haben, die gleichen Dinge mögen und den nostalgisch-floralen Stil lieben. Wir haben das Glück, in Devon zu leben, einem schönen Teil Englands, und diese Umgebung hat uns zusammen mit unserer Familie und unseren Freunden inspiriert, den Abbygale-Stil zu kreieren.

Die Abbygale-Geschichte begann, als wir gleichzeitig schwanger wurden und einen großen Teil unserer Elternzeit gemeinsam verbrachten. Weil wir beide nicht im Beruf arbeiteten, war das Geld knapp, deshalb beschlossen wir, an Weihnachten alle Geschenke selbst zu machen. Wir buken Plätzchen und Kuchen, kochten Chutneys und Marmeladen in verzierten Gläsern ein und gestalteten Monster aus Kindersocken und Stofftaschen in allen Formen und Größen. Unsere Taschen wurden sofort zum Hit, denn sie waren gut und mit viel Stilgefühl genäht, und bald darauf kreierten wir einen Markennamen und Etiketten für all unsere Werke. Dann begannen wir, unsere Taschen an einem Markstand zu verkaufen, aber als wir feststellten, dass es schwierig war, mit der Nachfrage Schritt zu halten, verfielen wir auf die Idee, sie als Packungen zum Selbernähen zu produzieren. Unsere hübschen „Bausätze" enthalten alles Notwendige, sodass jeder sofort loslegen kann, ohne dass es auf besondere technische Fertigkeiten oder große Näherfahrung ankommt.

Wie viel Näherfahrung ist notwendig?

Für die Projekte in diesem Buch brauchen Sie keine Erfahrung im Nähen, wenngleich ein Hang zum Handarbeiten vorausgesetzt wird. Wir wollen all jene anregen, die eine Nähmaschine besitzen, aber noch nie gewagt haben, sie zu benützen, und denen Mut machen, die in der Vergangenheit Nähpackungen gekauft, aber nie geöffnet haben. Wir haben dieses Buch unkompliziert und leicht verständlich gehalten, sodass Ihnen jedes Projekt gelingt, das Sie angehen. Erfahrenere Handarbeiterinnen können die Modelle auf vielerlei Weise abwandeln und allem, was sie tun, eine eigene, kreative Note verleihen.

Welche Ausstattung ist für die Projekte notwendig?

Kurz gesagt: nur eine Grundausstattung! Wir nähen immer mit der Maschine, aber kleinere Projekte können auch von Hand genäht werden. Für den Anfang empfehlen wir Ihnen folgende Ausstattung:

- Stecknadeln und Nähnadeln
- Nähmaschine
- Bügeleisen
- Textilmarker/Schneiderkreide
- Auftrenner
- Maßband
- Sicherheitsnadeln
- eine Tasse Tee und ein paar Plätzchen

Warum Sie dieses Buch lieben werden

In diesem Buch wird jedes Projekt leicht verständlich Schritt für Schritt erklärt (anhand wunderschöner Grafiken von Beths Ehemann Marcus). Jedes Modell ist ausprobiert und getestet, hat seine eigene Entstehungsgeschichte und wurde mit der Liebe und Sorgfalt angefertigt, die Sie von Abbygale erwarten. Alle Projekte sind so gestaltet, dass Sie dem Ergebnis leicht Ihren eigenen Stempel aufdrücken können: Wir wissen, dass sie hinreißend aussehen werden, wie auch immer Sie Ihr Modell fertigstellen. Es erübrigt sich darauf hinzuweisen, dass die hier verwendeten Stoffe von ausgezeichneter Qualität im Abbygale-Sortiment verfügbar sind.

Geschenke und handgearbeitete Kostbarkeiten

Ich finde Geben auf alle Fälle seliger denn Nehmen und mache noch lieber Geschenke, als welche zu empfangen. Es ist so ein großartiges Gefühl zu wissen, dass man jemandem durch ein wohlüberlegtes Geschenk ein Lächeln ins Gesicht zaubern konnte. Und besser als ein Geschenk zu kaufen, ist es, eines selbst anzufertigen. Handgearbeitete Präsente zeigen, dass man wirklich die Zeit (statt Geld) aufgewendet hat, über die Person, die man beschenken will, nachzudenken. Wenn man dann noch sein Geschenk in Packpapier einschlägt und mit einem hübschen Band verschnürt, bekommt das Ganze den letzten Schliff.

Meine Familie liebt die Geschenkkörbe, die ich an Weihnachten zusammenstelle: Sie quellen von hausgemachten Leckereien über, die alle in hübsche Gläser und Flaschen gefüllt und mit selbstgemachten Etiketten und Schildchen versehen sind. Als Beth und ich an einem Weihnachtsfest zum ersten Mal begannen, gemeinsam zu werkeln, war das eine echte

Offenbarung. Unsere Freunde und Familien waren absolut hingerissen, als sie unsere handgearbeiteten Gaben erhielten, deshalb haben wir ein paar dieser großartigen Ideen in dieses Kapitel aufgenommen.

Unser bei weitem beliebtestes handgearbeitetes Geschenk ist die kultige wandelbare Umhängetasche. Sie ist nach wie vor das bei unseren Freundinnen gefragteste Modell; sie geben ihre Bestellung regelmäßig in der Zeit vor ihrem Geburtstag auf … Ich ermutige meine Freundinnen immer, sich selbst ans Werk zu machen, weil dies ein einfaches Modell aus gerade einmal zwei Stoffteilen ist. Die Technik, die Teile rechts auf rechts zusammenzunähen und durch ein Loch im Stoff zu wenden, macht einfach Freude und begeistert mich sogar nach all dieser Zeit noch.

Die Kuschelpuppe ist ein ausgesprochen niedliches Geschenk für Ihre Kinder, denn Sie können ihr nicht nur das Gesicht des Kindes geben, sondern sich auch in der Stadt auf die Suche nach Verzierungen begeben und sogar eine ganze Familie für einen besonderen Menschen anfertigen.

6

Verbreiten Sie ein wenig Glück!

Vielzwecktäschchen

Wenig Arbeit und unendlich viele Verwendungsmöglichkeiten – das zeichnet dieses Täschchen aus. Ich bringe darin all meine Schminksachen unter, mein ältester Sohn nimmt es als Federmäppchen, mein jüngerer Sohn bewahrt seine Spielkonsole darin auf, und meine Tochter hat eines für ihre Prinzessinnenschuhe. Ich liebe das Modell, weil es mich an das erwartungsvolle Öffnen eines Briefumschlags erinnert und nur ganz wenig Stoff erfordert. (Aus einem Meter Stoff lassen sich vier Täschchen nähen.) Lassen Sie das Projekt vor Weihnachten in Serie gehen – als Geschenke oder als ganz besondere Geschenkverpackung. Sie können es aus einem Stoff passend zu anderen Taschen arbeiten oder sogar als wasserdichte Version aus Wachstuch.

Ein wirklich vielseitiges Täschchen!

Material

35 x 44 cm Stoff mit Geschirrmotiven für die Außenseite

35 x 50 cm grüner Stoff mit Pünktchen für das Futter

1 Knopf

45 cm rosa Band mit Pünktchen

Schritt 1

Den Stoff für die Außenseite und den für das Futter jeweils halbieren: Die beiden äußeren Teile sollten 3 cm kürzer sein als die Futterteile. Einen Knopf ca. 9 cm von der Unterkante entfernt mittig auf eines der äußeren Stoffteile nähen.

Schritt 2

Die beiden Stoffteile für die Außenseite rechts auf rechts aufeinanderlegen. Ein 30 cm langes Stück Band abschneiden und zur Hälfte zusammenlegen, sodass eine Schlaufe entsteht. Diese Schlaufe zwischen die beiden Außenteile legen (siehe Abbildung), dann die Teile entlang beider Seiten und der Unterkante zusammennähen.

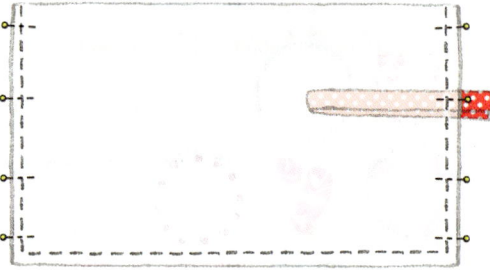

Schritt 3

Die beiden Futterstoffteile rechts auf rechts aufeinander-legen und an den Seiten sowie an der Unterkante zusammennähen, jedoch an der Unterkante ein 10 cm langes Stück Naht zum Wenden offen lassen. Achten Sie darauf, dass der Abstand zwischen den Nähten A und B bei Außenteil und Futter genau gleich ist, weil das Täschchen sonst nicht sauber zusammenpasst.

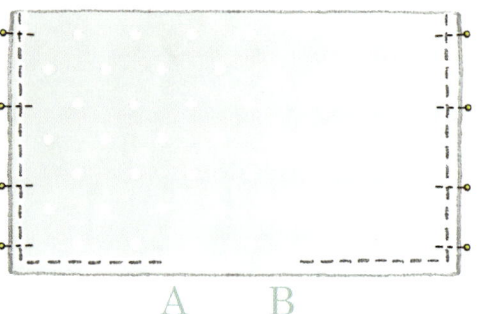

A   B

Schritt 4

Das Futter auf rechts wenden und rechts auf rechts in das Außenteil stecken. Achten Sie darauf, dass die Oberkanten von Futter und Außenstoff übereinstimmen. Die restlichen 15 cm Band zur Hälfte zusammenlegen und gegenüber des Knopfes zwischen Futter und Außenstoff schieben. Lassen Sie ca. 1 cm Band nach außen überstehen. Dann Außenstoff und Futter sorgfältig stecken und entlang der Oberkante zusammennähen (siehe Abbildung).

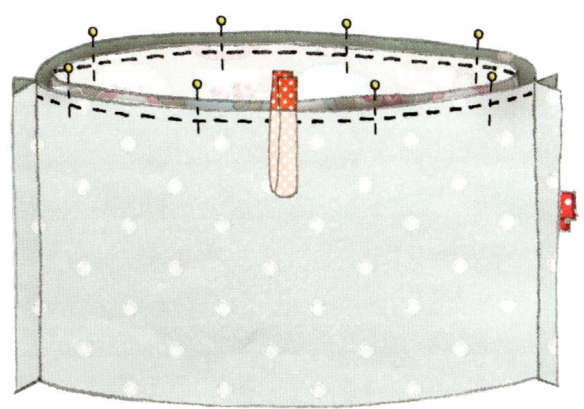 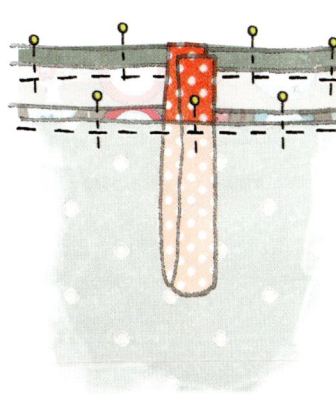 

Schritt 5

Das Täschchen durch die Öffnung im Futter auf rechts wenden. Das Futter nach oben ziehen, sodass an der Oberkante ein ca. 2,5 cm breiter Streifen davon außen sichtbar wird. Diesen Streifen sauber und glatt bügeln und die Oberkante mit 7 mm Abstand zum Rand rundum absteppen. Nun reicht das Futter genau bis zum Boden des Täschchens.

Schritt 6

Die Oberkante des Täschchens wie einen Umschlag so nach unten falten, dass die Bandschlaufe auf den Knopf trifft, und bügeln. Die Wendeöffnung im Futter von Hand zunähen.

Schritt 7

Allerlei Schätze einfüllen!

Wandelbarer Umhängebeutel

Mit drei kleinen Kindern und all dem Krimskrams, den wir überallhin mitschleppen – Feuchttücher, Unmengen an Essen, Spielsachen und Kleidung zum Wechseln –, ist es absolut unabdingbar, dass meine „Alltagstasche" so praxistauglich wie möglich ist. Die Umhängetasche ist da genau das Richtige und zugleich überaus vielseitig: Ich kann sie quer über den Körper tragen, den Umhängeriemen durch Druckknöpfe verkürzen und den Beutel als Handtasche tragen oder den Riemen auf die gewünschte Länge knoten. Ich werde oft von anderen Leuten gebeten, etwas für sie zu nähen – und diese Tasche steht auf Platz 1 der Wunschliste, wäre also ein großartiges Geschenk für eine Freundin oder für eine frischgebackene Mutter.

Der Beutel ist ein wahrer Verwandlungskünstler!

abbygale

Material

2 Rechtecke grüner Stoff mit Rosen für
die Außenseite, je 50 x 70 cm
2 Rechtecke grüner Stoff mit Punkten für das
Futter, 50 x 70 cm
1 Knopf
4 Druckknöpfe
20 cm rosa Band mit Punkten

Schritt 1

Nach dem Schnittmuster vier Stoffteile zuschneiden: je zwei aus dem Stoff
für die Außenseite und für das Futter. Die Teile für die Außenseite rechts
auf rechts aufeinanderlegen, stecken und entlang der rechten und linken
Kanten zusammennähen. Die Futterteile genauso zusammennähen.

Schritt 2

Das Außenteil auf rechts
wenden und die Kanten nach
außen ziehen, bis die soeben
genähte Naht mittig verläuft.
Den Knopf annähen.

Schritt 3

Das Teil für die Außenseite
passend zum Futter wieder
auf links wenden. Beide
Teile ausbreiten, sodass die
Nähte in der Mitte der Tasche
aufeinandertreffen, dann die Teile
entlang der Unterkante stecken
und nähen. Achtung! An der
Unterkante des Futterteils ein
ca. 8 cm langes Stück Naht zum
Wenden offen lassen.

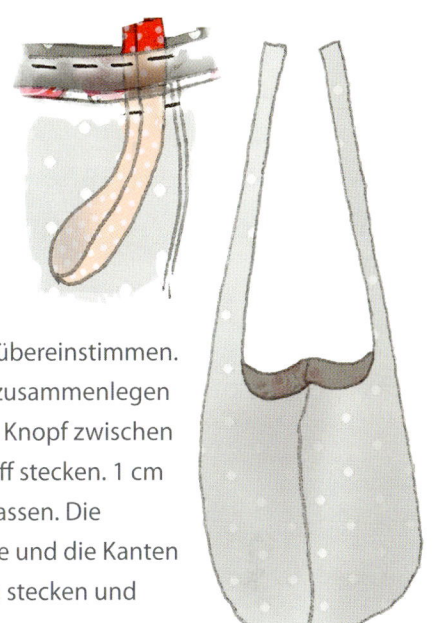

Schritt 6

Das Futter in das Außenteil stecken, sodass die rechten Stoffseiten aufeinandertreffen und die Mittelnähte übereinstimmen. Das Band zur Hälfte zusammenlegen und gegenüber vom Knopf zwischen Futter und Außenstoff stecken. 1 cm Band herausstehen lassen. Die Oberkante der Tasche und die Kanten der Umhängeriemen stecken und rundum nähen.

Schritt 7

Die Stecknadeln entfernen und überprüfen, ob alle Nähte (bis auf die Wendeöffnung im Futter) geschlossen sind. Die Tasche durch die Wendeöffnung auf rechts wenden. Das ist bei den Umhängeriemen wegen des geringen Durchmessers ein bisschen mühsam, aber auch sie lassen sich mit etwas Geduld nach und nach durchziehen. Das Futter zurück ins Innere der Tasche schieben und die Tasche bügeln.

Schritt 4

Die Druckknopfhälften mit den Köpfchen von Hand auf die rechte Seite des Futters und des Außenteils nähen, wie oben abgebildet. (Hinweis: Es ist wichtig, dass die Druckknöpfe so exakt wie möglich angenäht werden, damit sie bei der fertigen Tasche auch richtig einschnappen.) Die Druckknopfhälften mit der Vertiefung auf die rechte Seite von Außenteil und Futter nähen, siehe Abbildung. Achten Sie darauf, diese Hälften auf die gegenüberliegende Seite der Hälften auf dem Futter zu nähen.

Schritt 8

Wenn alle Kanten sauber und glatt gebügelt sind, die Oberkante der Tasche auf beiden Seiten knappkantig absteppen, dabei am oberen Ende jedes Umhängeriemens beginnen. Nähen Sie so dicht wie möglich an der Kante, ohne über den Stoff hinauszunähen. Dazu sollten Sie sich Zeit nehmen, damit das Ergebnis wirklich professionell gelingt. Die Wendeöffnung im Futter zunähen.

Schritt 5

Damit die Tasche Volumen bekommt, beim Futter die unteren beiden Ecken nach außen ziehen und 4 cm von jeder Ecke entfernt absteppen. Dann die überstehenden Dreiecke abschneiden. Mit dem äußeren Taschenteil genauso verfahren.

Meine
Lieblingspuppe

Zu jedem Geburtstag versuche ich meinen Töchtern etwas ganz Besonderes selbst zu machen, und es macht mir richtig Spaß, über witzige kleine Projekte nachzudenken, die sie zum Lächeln bringen könnten. Auch dieses Jahr gab es keine Ausnahme von dieser Regel: Ich habe mehrere Abende damit zugebracht, diese kleinen Kuschelpuppen für ihre Betten zu nähen. Bedruckbaren Stoff für den Tintenstrahldrucker verwende ich gern für meine Modelle, denn er eröffnet eine ganze Welt an kreativen Möglichkeiten für ganz persönliche Geschenke. Dieses hübsche kleine Projekt eignet sich hervorragend zum Aufbrauchen von Stoffresten sowie einiger einzelner Knöpfe und Verzierungen, die bei Ihnen herumliegen. Lassen Sie sich von Ihren Lieblings-Familienfotos inspirieren und erschaffen Sie selbst ein paar niedliche Püppchen.

Eine glückliche kleine Gesellschaft!

16

abbygale

Schritt 1

Nach der Vorlage 2 x den Körper und 1 x das Lätzchen aus den entsprechenden Stoffen zuschneiden. Das Lätzchen auf dem Hauptstoff für den Körper platzieren, heften und entlang der äußersten Kanten des Lätzchenstoffs aufnähen. Die Heftfäden entfernen.

Material

2 Stoffrechtecke, 35 x 25 cm, für jede Puppe

15 x 20 cm Stoff für das Lätzchen

1 Blatt bedruckbarer Stoff (für Tintenstrahldrucker), mit Gesichtern bedruckt (Ø jeweils ca. 7–8 cm)

50 cm farblich passende Zackenlitze

2 selbst überzogene oder andere dekorative Knöpfe (beliebige Größe)

1 Reißverschluss, ca. 23 cm lang

Füllwatte

50 cm Wäschespitze

Schritt 2

Die Spitze rund um die Kante des Lätzchens aufstecken und annähen.

Schritt 3

Mit einem Tintenstrahldrucker einige Gesichter auf den bedruckbaren Stoff drucken. (Wir haben die Gesichter unserer Kinder mit einem Durchmesser von ca. 10 cm verwendet). Das Gesicht ausschneiden (nach Belieben mit einer Umrandung versehen) und das Trägerpapier abziehen. Das Gesicht aufheften, sodass es Lätzchen und Borte leicht überlappt, dabei eine kleine Öffnung lassen und eine kleine Handvoll Füllwatte unter das Gesicht schieben. Das Gesicht mit Zickzackstichen rundum aufnähen. Die Heftfäden entfernen.

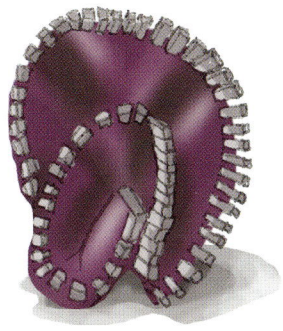

Schritt 4

Die dekorativen, z.B. selbst überzogenen Knöpfe mittig auf das Lätzchen nähen.

Schritt 5

Die Teile für das Püppchen rechts auf rechts aufeinanderlegen und mit 1 cm Nahtzugabe bis auf eine kleine Wendeöffnung an der Unterkante zusammennähen.

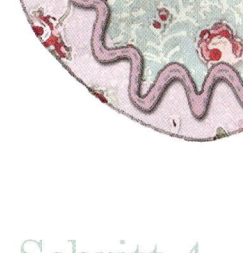

Schritt 6

Das Püppchen mit Füllwatte ausstopfen und die untere Naht von Hand schließen.

Schritt 7

Für die Reißverschlussblüte das untere Ende des Reißverschlusses abschneiden und den Zipper entfernen. Entlang des Trägerbandes an der Kante ohne Zähnchen lange Vorstiche arbeiten. Den Faden anziehen und damit den Reißverschluss einreihen, bis Ihnen die Form gefällt. Die Blüte mit einigen Handstichen zusammenhalten und auf die Puppe nähen.

Schritt 8

Um den Hals der Puppe ein Band oder ein Stück Spitze binden.

Schritt 9

Liebhaben!

Die Freuden des Familienlebens

Beth und ich haben das große Glück in einem fantastischen Teil Englands zu wohnen. Devon verfügt über eine hinreißende Landschaft, wunderschöne Strände und großartige Heidemoore und ist deshalb der perfekte Landstrich, in dem Familien leben und Kinder aufwachsen können. Zu einem Leben in solch einer wundervollen, von der Natur reich beschenkten Gegend passen natürlich die schönen Stoffe, mit denen ich unser Familienleben bereichern möchte.

Ich nähe gerne Kleider und Taschen für meine Kinder. Meine Tochter (die vier Jahre alt ist, aber den Eindruck macht, bald vierzehn zu werden!) liebt es, eine Miniaturausgabe von allem zu besitzen, was ich anfertige, und es ist so einfach, all unsere Projekte für den „Partnerlook" von Mutter und Tochter zu verkleinern.

Manche Projekte in diesem Kapitel hat meine Tochter ausgesucht. Ich habe sie nach allen Dingen gefragt, die ich für sie genäht habe, und danach, welche davon sie am liebsten

mag. Sie ist immer sehr ehrlich, wenn es darum geht, was sie mag oder nicht mag (manchmal ein bisschen zu ehrlich!), und sich schnell für die Schürzen und den Shopper entschieden. Sie genießt es tatsächlich, ihre Schürze umzubinden und mir in der Küche zu helfen, daher ist das eine ausgezeichnete Gelegenheit für uns, eine gute Zeit miteinander zu verbringen.

So wie ich hat auch sie eine Leidenschaft für Taschen, und fehlende Haushaltsgegenstände finde ich zuverlässig in einer Tasche aus ihrer Sammlung gebunkert. Der Shopper wird oft eingesetzt und verleiht dem Einkaufen wahrhaft Stil.

Beth und ich finden, dass das Familienleben uns, unsere Projekte und unseren Stil bestimmt. Das moderne Leben kann hektisch sein, aber uns mit behaglichen Stoffen sowie schlichten Schnitten und Formen zu umgeben, kann dazu beitragen, ein wenig Ruhe und Gelassenheit in unser aller Leben zu bringen.

Ruhe und Gelassenheit

Schürze
für Mutter & Kind

Meine Töchter backen für ihr Leben gern, deshalb nehmen wir uns jeden Samstagvormittag die Zeit, irgendeine Leckerei fürs Wochenende zu zaubern. Besonders gern mögen sie Butterkekse und Muffins (so wie ich auch!).Weil wir alle zwar begeisterte Köchinnen sind, aber immer ein ziemliches Chaos in der Küche anrichten, sind Schürzen einfach unverzichtbar. Diese beiden habe ich entworfen, um unsere Backtage zu etwas ganz Besonderem zu machen.

Meisterköchinnen bei der Arbeit

Schritt 1

Den Schnitt für Schürze und Tasche auf die jeweiligen Stoffe übertragen und zuschneiden.

Schritt 2

Die Säume an Ober- und Unterkante der Tasche zur linken Stoffseite umfalten und stecken. (Machen Sie sich wegen der Seitenkanten keine Gedanken: Die verschwinden später in der Naht.)

Schritt 3

Das Schrägband aufklappen, rechts auf rechts auf die Oberkante der Tasche stecken und entlang des Falzes stecken und annähen. An den Ecken das Schrägband nach innen einfalten und die gerundeten Kanten der Tasche genauso einfassen. Das Schrägband über die Taschenkante nach links umschlagen und absteppen: Fertig ist die Tasche.

Material (Schürze für Mama)

75 x 55 cm Stoff mit Röschen für die Schürze
25 x 55 cm Stoff mit Rosen für die Tasche
85 cm Schrägband mit Pünktchen
150 cm Band für die Bindebänder
2 dekorative Knöpfe

Material (Kinderschürze)

50 x 35 cm Stoff mit Hundemotiven
120 cm Band für die Bindebänder
180 x 10 cm Stoff für die Rüschenkante

Schritt 4

Die Tasche 15 cm über der Unterkante der Schürze platzieren und nach unten umschlagen, sodass Tasche und Schürze rechts auf rechts liegen. Die Tasche feststecken und entlang der Taschenunterkante auf die Schürze nähen.

Schritt 5

Wenn die Unterkante der Tasche angenäht ist, die Tasche wieder nach oben schlagen und die gerade Oberkante entlang der Schrägbandnaht stecken und annähen.

Schritt 6

Die Mitte der Tasche vertikal absteppen, sodass 2 einzelne Taschen entstehen.

Schritt 7

Ein 50 cm langes Bandstück für den Nackenträger zuschneiden. An der Oberkante der Schürze einen 1 cm breiten Saum einschlagen. Das Band jeweils 3 cm von den Seitenkanten der Schürze anlegen und den Saum noch einmal 1 cm breit umschlagen, sodass die Bandenden mitgefasst werden. Den Saum stecken und nähen.

Schritt 8

An den gerundeten Oberkanten der Schürze einen doppelten Saum (d.h. die Kante 2 x umfalten, sodass die Schnittkanten nicht zu sehen sind) stecken und nähen.

Schritt 9

An den offenen Seitenkanten ebenfalls einen doppelten Saum einschlagen und nähen; dabei jeweils ein 50 cm langes Stück Band ca. 1 cm unterhalb der Bogenecken mitfassen, wie zuvor bei der Oberkante.

Schritt 10

Zuletzt auch an der Unterkante der Schürze einen doppelten Saum nähen.

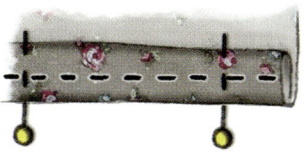

Einfach süß!

Für die Kinderschürze haben wir den Grundschnitt für die Schürze verwendet, die Oberkante gesäumt und dabei ein Band (ca. 40 cm lang) als Nackenträger eingearbeitet, wie in Schritt 7 beschrieben, beide Rundungen gesäumt und alle übrigen Kanten mit einer Rüsche eingefasst. Vergessen Sie aber nicht, seitlich die Bindebänder (jeweils ca. 40 cm lang) mit anzunähen. Wie die Rüsche genäht wird, können Sie im Technikteil am Ende dieses Buches (Seite 92) nachlesen.

Wir haben die Schürze zusätzlich mit Knöpfen und einem kleinen, wattierten Hund verziert. Das hat jedoch Zeit bis zum Schluss.

Shopper
mit Stil

Ich habe dieses ebenso hübsche wie praktische Modell entworfen, weil ich eine wirklich schöne Tasche für den Einkauf in unserem Supermarkt haben wollte. In unserem Haus gehen ständig Brot und Milch aus, deshalb habe ich die Tasche immer einsatzbereit dabei – handlich gefaltet auf dem Boden meiner Handtasche. Ich bin außerdem der Meinung, dass es wichtig ist, sich so umweltfreundlich wie möglich zu verhalten; eine eigene Einkaufstasche anstelle von Plastiktüten zu verwenden, muss daher besser für unseren Planeten sein. Dieses Modell ist einfach und schnell zu nähen. Kleinere Versionen davon können Sie aus Stoffresten anfertigen, oder Sie arbeiten gleich im Großen und nähen eine Tasche, in der Sie Handtücher an den Strand oder Bücher in die Bibliothek schleppen können.

Machen Sie Ihre Einkäufe zum schicken Event!

Material

2 Streifen Stoff für die Henkel, jeweils 10 x 100 cm

35 x 22 cm Punkte-Stoff für die aufgesetzte Tasche

2 Rechtecke türkiser Stoff mit Blüten für
die Außenseite, jeweils 35 x 50 cm

2 Rechtecke türkiser Stoff mit Punkten für das
Futter, jeweils 35 x 50 cm

1 Knopf

65 cm Streifen-Band

Schritt 1

Eine Längsseite des
Stoffs für die aufge-
setzte Tasche säumen.
Das Stoffteil auf die
rechte Seite eines der
Stoffrechtecke für die
Außenseite legen,
sodass Seiten- und
Unterkanten über-
einstimmen und der
Saum zur Stoffmitte
weist. Die Tasche
aufheften.

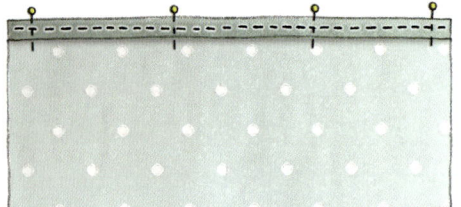

Schritt 2

Die beiden Stoffrechtecke für die Außenseite rechts auf
rechts aufeinanderlegen, stecken und entlang beider
Seitenkanten und der Unterkante zusammennähen; die
aufgesetzte Tasche wird dabei gleich mit befestigt. Die
Futterteile genauso zusammennähen, dabei jedoch ein
10 cm langes Stück Naht an der Unterkante zum Wenden
offen lassen.

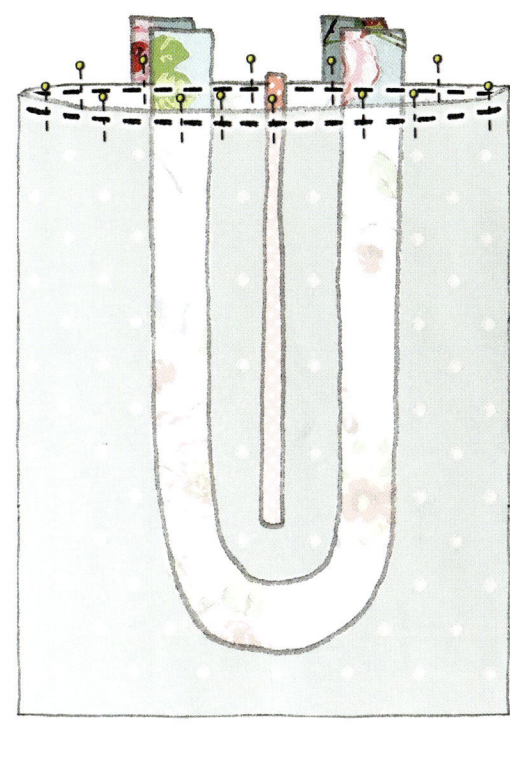

Schritt 3

Die Außenseite auf rechts wenden und den Knopf mittig oben auf die aufgesetzte Tasche nähen.

Schritt 4

Für die Henkel eine Längsseite jedes Stoffstreifens 3 cm breit zur linken Stoffseite umbügeln. Die andere Längsseite 1 cm breit umbügeln. Diese Kante zur Mitte falten, sodass sie die andere Seite leicht überlappt. Den Henkel bügeln, stecken und dreimal der Länge nach absteppen: einmal in der Mitte sowie rechts und links von dieser Naht.

Schritt 5

Das Teil für die Außenseite rechts auf rechts in das Futterteil stecken. Die Henkel zwischen die Lagen schieben und heften (siehe Abbildung). Das Band zur Hälfte zusammenlegen und ebenfalls zwischen die Lagen heften. Die Oberkanten von Futter und Außenseite zusammenstecken und nähen.

Schritt 6

Den Shopper durch die Öffnung im Futter auf rechts wenden. Dann die Naht an der Oberkante flachbügeln und die Einkaufstasche etwa 2 cm vom oberen Rand entfernt rundum absteppen, um den Ansatz der Henkel zu verstärken. Die Wendeöffnung im Futter zunähen.

Strickjacke
mit Pfiff

Ich hatte einen ganzen Schrank voller Strickjacken, die absolut hübsch waren (die ich aber in Wirklichkeit ein bisschen satt hatte): Weggeben wollte ich sie nicht, tragen aber auch nicht mehr. Der Platz in Schränken ist in unserem Haus ein kostbares Gut, deshalb habe ich nach einer kreativen Denkpause beschlossen, diese Jacken aufzupeppen. Ich trug einige einzelne Knöpfe zusammen, um damit die langweiligen alten Knöpfe zu ersetzen, und fand, dass eine Ansteckblüte den arg schlichten Cardigans ein bisschen Pfiff verleihen würde. Inzwischen kann ich gar nicht mehr mit dem Aufpeppen aufhören und habe das Gefühl, zum Preis von ein paar Knöpfen und einem winzigen Stoffrest eine komplett neue Garderobe bekommen zu haben.

abbygale

Schritt 1

Alle alten Knöpfe von der Strickjacke abschneiden und durch die neuen Knöpfe ersetzen. Wir haben eine Auswahl an farbigen Fischaugen-Knöpfen verwendet. Ganz fantastisch sieht das Ergebnis aus, wenn Sie ein paar passende alte Knöpfe auf dem Flohmarkt oder in Großmutters Knopfschachtel finden. (Merke: Alle Großmütter haben eine große Blechdose voller Knöpfe!)

Schritt 2

Das 10 x 10 cm große Stoffquadrat diagonal falten und das so entstandene Dreieck noch einmal diagonal falten. Festes Nähgarn in eine Nadel einfädeln, die Enden miteinander verknoten und kurze Vorstiche von der rechten zur linken Seite der offenen Unterkante arbeiten. Den Faden fest anziehen und auf diese Weise das Dreieck zu einer Blütenblattform zusammenziehen. Den Faden verknoten, damit das Blütenblatt seine Form behält. Beliebig viele Blütenblätter anfertigen. Ich finde, dass eine ungerade Zahl immer besser als eine gerade aussieht.

abbygale

Material

1 einfarbige Strickjacke (neu oder secondhand)

ca. 6–10 Knöpfe

1 Knopf zum Überziehen

ca. 3–5 Quadrate à 10 x 10 cm unterschiedlicher Stoffe

2 Stoffquadrate, 12 x 12 cm, für die Tasche

ca. 100 cm Borte oder Spitze

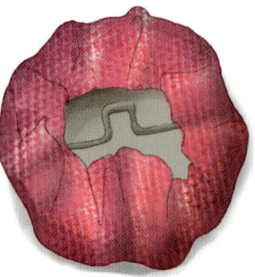

Schritt 3

Einen Knopf zum Überziehen und einen Stoffrest auswählen. Eine ungefähre Kreisform etwas größer als den Knopf zuschneiden und über die Zähnchen des Knopfes ziehen, dabei alle Fältchen glätten. Dann mit dem speziellen Werkzeug aus der Knopfpackung oder mit starker Hand das Rückseitenteil auf den Knopf drücken und dadurch den Stoff fixieren.

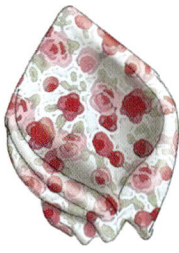

Schritt 4

Die Blütenblätter am unteren Ende zusammennähen und den Knopf in der Mitte aufnähen. Nun können Sie die Blüte auf Ihre Strickjacke nähen oder mit einer Sicherheitsnadel befestigen.

Schritt 5

Halsausschnitt, Ärmelunterkanten oder die Unterkante der Jacke abmessen und nach Belieben an diese Kanten eine Spitzenborte nähen.

Schritt 6

Für eine Tasche zwei 12 x 12 cm große Stoffquadrate rechts auf rechts aufeinanderlegen und mit 5 mm Nahtzugabe bis auf eine 2 cm große Wendeöffnung rundherum zusammennähen. Die Tasche durch die Öffnung auf rechts wenden und rundherum absteppen. Dann die Tasche auf die Jacke heften und an drei Seiten annähen; die Oberkante bleibt offen.

Schritt 7

Tragen Sie Ihr Werk mit Stolz!

Top-Tipp

Verzieren Sie Ihre Strickjacke ganz nach Belieben mit Knöpfen, Ansteckblüten, Applikationen und Stickereien

SEW A LITTLE HAPPINESS

Das einfachste
Mädchenkleid
der Welt

Ich liebe dieses schlichte Modell! Und ich liebe es, meine Tochter darin zu sehen, obwohl sie es neuerdings zu Gummistiefeln im Garten trägt. Für dieses buchstäblich kinderleichte Projekt brauchen Sie nur ein einziges Stück Stoff, das Sie passend zuschneiden können (so passt es fast jedem Kind). Ich hatte die Idee, das Kleid mit Gummifaden zu nähen, der den Stoff während des Nähens einreiht und einen fantastischen Smok-Effekt ergibt, sodass das ansonsten quadratische Stoffstück in Form kommt. Wenn Sie so wie ich die Nähmaschine immer gleich eingestellt lassen, kann das Nähen mit Gummifaden anfangs ein bisschen knifflig und schwierig sein, deshalb sollten Sie auf einem Stoffrest üben, bevor Sie sich an das Kleid wagen. Wenn Sie den Bogen erst einmal heraus haben, macht diese Art des Nähens geradezu süchtig.

Ein Mädchen kann gar nicht zu viele Kleider haben!

abbygale

Schritt 1

Das Schrägband halbieren und mit jeweils einer Hälfte die Längsseiten des Stoffs einfassen (siehe Seite 91).

Schritt 2

Den Gummifaden auf die Unterfadenspule aufspulen. Das geht von Hand am besten, denn der Faden sollte beim Aufspulen nicht gedehnt werden.

abbygale

Material

100 x 50 cm Stoff mit Rosen (passend bis ca. 7 Jahre)
2 m türkises Schrägband mit Pünktchen
Gummifaden
100 cm rosa Band mit Pünktchen für die Träger
4 kleine Knöpfe

Schritt 3

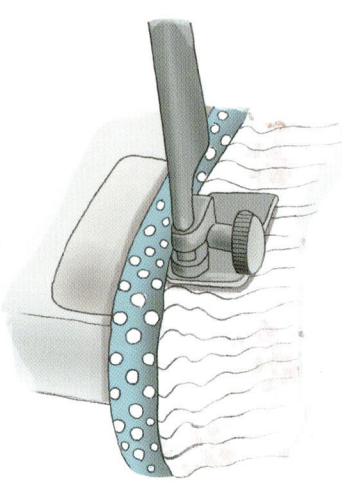

Die Nähmaschine auf den größten Zickzackstich und hohe Fadenspannung einstellen. Dann nähfüßchenbreit neben der Schrägbandkante entlangnähen. Den Beginn der Naht durch ein paar Rückstiche sichern, dann eine Zickzacknaht über die gesamte Stofflänge arbeiten und am Ende wieder mit ein paar Rückstichen sichern.

Schritt 5

Mit dem heißen Dampfbügeleisen den mit Gummifaden gesmokten Teil des Kleides bügeln, damit die Raffung optimal gelingt.

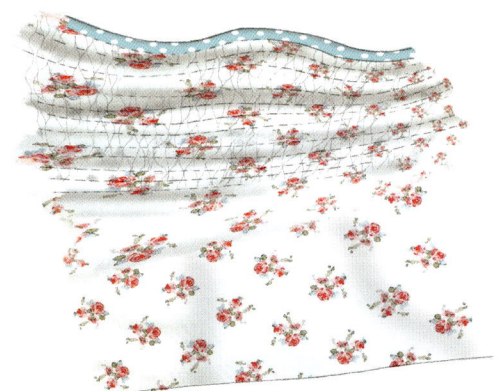

Schritt 4

Auf diese Weise 15 Reihen im nähfüßchenbreiten Abstand parallel zueinander nähen. Achten Sie darauf, den Stoff bei jeder Naht straff zu halten. Der Gummifaden zieht den Stoff zusammen.

Schritt 6

Legen Sie das so vorbereitete Kleid um Ihr Kind und stecken Sie die beiden offenen Kanten sehr vorsichtig mit Stecknadeln so zusammen, dass das Kleid perfekt sitzt. Überstehenden Stoff abschneiden. (Meine Tochter ist knapp vier Jahre alt, und ich habe etwa 25 cm Stoff an der Kante abgeschnitten.)

Schritt 7

Den Stoff links auf links zusammenlegen und die offenen Kanten durch eine französische Naht verbinden (siehe Seite 91).

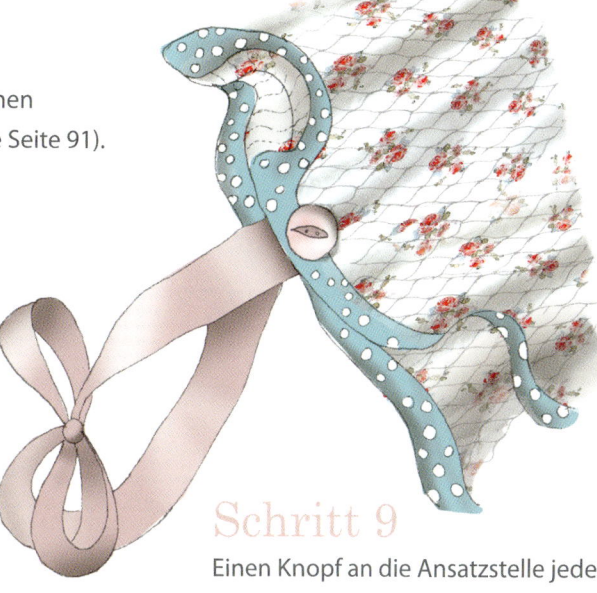

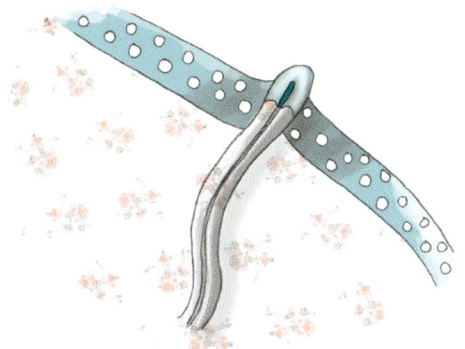

Schritt 9

Einen Knopf an die Ansatzstelle jedes der vier Bandstücke nähen.

Schritt 8

Das Band in vier gleiche Stücke à 25 cm für die Träger schneiden. Jeweils zwei Bandstücke an Rücken- und Vorderteil stecken und annähen.

Schritt 10

Ziehen Sie Ihrer Tochter das Kleidchen an und schießen Sie viele, viele Fotos!

Ideen für zu Hause

Dein Heim ist, wo dein Herz ist, sagen wir, und ich glaube fest daran, dass das wahr ist. Ich habe mich in dem Moment in mein Haus verliebt, in dem der Makler mich durch die Türe bat. Schon Sekunden nach dem Betreten des Wohnzimmers sah ich vor meinem geistigen Auge meine Kinder fröhlich im Garten spielen, mich ein herzhaftes Essen am Herd kochen und romantische Abende mit meinem Mann vor dem Kamin verbringen. Kurz darauf gehörte das hübsche kleine Haus auf dem Hügel uns.

Sobald wir eingezogen waren, begann ich das Haus mit Kissen und Quilts aus Resten alter Stoffe zu füllen, die ich über Jahre zusammengetragen hatte, gerade so, als ob ich sie für diesen Moment aufgehoben hätte – für mein Traumhaus! Emma trug zu meiner Sammlung ein Einzugsgeschenk bei: ein schönes, handgearbeitetes Bodenkissen mit dem Union Jack darauf (sie weiß immer, was ich mag), und so dauerte es nicht lang, bis unser Haus wirklich wie ein Zuhause wirkte.

Emma und ich verschenken gerne Kissen (meiner Meinung nach hat man davon nie zu viele). Handgearbeitete Gegenstände sind etwas ganz Persönliches, und all unsere Projekte für zu Hause sind mit dem Gedanken an Liebe und Freundschaft entstanden.

Angeregt von Emmas Union-Jack-Kissen, haben wir ein reizendes kleines Kissen für dieses Kapitel entworfen. Es ist eines unser Lieblingsmodelle in diesem Buch – geradezu der Inbegriff britischen Stils. Es hat einen Ehrenplatz auf dem Sofa und sieht vor dem Hintergrund eines Bildes, das mein Mann gemalt hat, fantastisch aus.

Wir wohnen jetzt ungefähr ein Jahr in unserem Haus, und unser nächstes Projekt ist der Garten. Meine Töchter haben die kreative Ader von Mama und Papa geerbt und äußern alle möglichen Ideen und Pläne für unser „Zimmer im Grünen"; Höhlen und Weiden-Wigwams stehen ganz oben auf ihrer Wunschliste. Wir haben schon einen Hängesessel am Eukalyptusbaum angebracht und den schmalen Schlängelpfad zu den Glockenblumenwäldern mit einer viele Meter langen Wimpelgirlande dekoriert.

Dein Heim ist wo dein Herz ist!

Mollige
Wärmflaschenhülle

Mein warmes, behagliches Bett ist mein Lieblingsplatz, wenn es draußen kalt und regnerisch ist. Aber in einer kalten Winternacht graust es mir geradezu vor dem kalten Bett. Es dauert ewig, bis es warm wird – ein bisschen wie bei einem Bad im Meer. Unsere Wärmflaschenhülle ist so hübsch, dass die Wärmflasche jetzt einen festen Platz neben den Kissen auf unserem Sofa hat.

Warm, kuschelig und gemütlich!

Schritt 1

Folgende Stoffteile nach dem Schnitt jeweils aus den entsprechenden Stoffen und aus dem Volumenvlies zuschneiden: A (Vorderseite), B (obere Rückseite) und C (untere Rückseite).

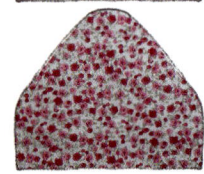
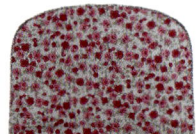

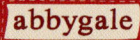
Material

50 x 60 cm Stoff mit Hundemotiven für die Außenseite

50 x 60 cm Stoff mit Blüten für das Futter

2 Rechtecke Volumenvlies, je 50 x 30 cm

45 cm rosa Band mit Pünktchen

1 Knopf

Stoffreste und 1 Knopf für die Blüte

Schritt 2

Aus dem übrigen Stoff zwei Kreise mit 10 cm und 15 cm Ø zuschneiden. 5 mm von der Außenkante entfernt Vorstiche rund um jeden Kreis arbeiten, den Faden anziehen und die Kanten fest in der Mitte zusammenziehen, sodass eine Bauschform entsteht; die Fadenenden verknoten. Den kleineren Kreis auf den größeren legen und einen Knopf in die Mitte nähen, um das geraffte Zentrum zu verdecken und alle Lagen zusammenzuhalten.

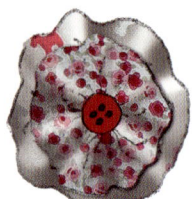

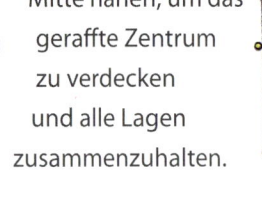

Schritt 3

Beide Stoffteile A rechts auf rechts aufeinander-legen und das Volumen-vlies auf die linke Seite des Futterteils legen; alle Lagen mit Stecknadeln zusammenhalten.

Schritt 4

Die drei Lagen mit 1 cm Nahtzugabe bis auf eine 10 cm lange Öffnung an der Unterseite zusammennähen. Überstehenden Stoff sowie die Nahtzugabe des Volumen-vlieses zurückschneiden und das Teil durch die Öffnung in der Naht auf rechts wenden. Die Stoffblüte auf die Vorderseite von Teil A nähen.

Schritt 5

Die Schritte 3 und 4 mit den Teilen B und C wiederholen.

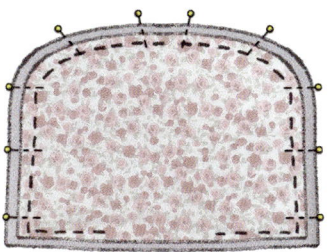

Schritt 6

Damit das Ergebnis wirklich sauber und professionell aussieht, unbedingt alle Teile bügeln.

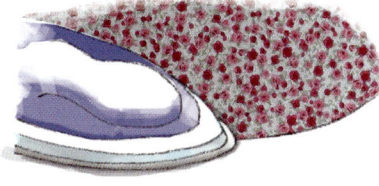

Schritt 7

15 cm Band abschneiden, zur Schlaufe legen, in die offene Naht von Teil B einpassen und feststecken. Passend zur Bandschlaufe die richtige Position für den Knopf ermitteln und den Knopf annähen.

Schritt 8

Mit der größtmöglichen Stichlänge alle Öffnungen der Teile B und C schließen, offene Stoffkanten nach innen einschlagen und quer über die Teile nähen, dabei die Naht 1 cm vor der Stoffkante beginnen und beenden.

Schritt 9

Teil C auf Teil A stecken mit 1 cm Nahtzugabe entlang der Außenkante annähen, dabei die Öffnung an der Unterseite von Teil A schließen. Beginn und Ende der Naht durch Rückstiche verstärken.

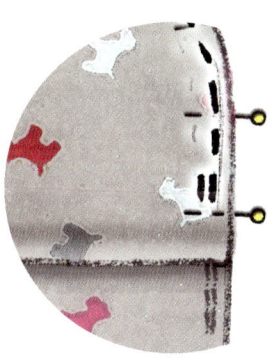

Schritt 10

Teil B auf Teil A stecken, sodass Teil C überlappt wird. Ein 10 cm langes Bandstück zur Schlaufe legen und die Enden am oberen Ende der Wärmflaschenhülle zwischen die Teile A und B stecken. Die Teile mit 1 cm Nahtzugabe rund um die Außenkanten zusammennähen, dabei die Naht jeweils 1 cm vor Teil C beginnen und beenden. Dadurch entsteht eine kleine Klappe. Die Vorderseite der Wärmflaschenhülle sollte nun rundherum eine durchgehende Steppnaht zeigen.

Kissen
Union Jack

Mit Kissen lässt sich ein Raum für wenig Geld komplett verwandeln. Ein paar Stoffstücke peppen ein langweiliges Sofa oder einen schlichten Sessel auf oder verleihen Ihrem Bett das gewisse Etwas. Überdies sind Kissenhüllen leicht zu nähen und eignen sich deshalb perfekt als Übungsstücke für Näh-Einsteiger. Dieses Kissen zeigt im wahrsten Sinne des Wortes Flagge – die von Großbritannien nämlich – und ist damit ein Muss für alle, die England lieben. Bei den Farben sind Sie nicht an das Original gebunden, sondern können das Kissen dem Farbschema Ihres Raumes anpassen.

Neuer Pfiff für einen Sessel!

Schritt 1

Das große Stoffrechteck quer zur Hälfte falten (= 54 x 32 cm doppellagig). Die Faltlinie bügeln: Sie dient als Markierung.

Schritt 2

Den 8 x 28 cm großen, getupften Streifen mittig auf die Mittellinie des großen Stoffteils stecken und mit einem mittleren Zickzackstick aufnähen. Den zweiten getupften Streifen horizontal darüber aufstecken, sodass eine Kreuzform entsteht, und mit Zickzackstichen aufnähen.

Schritt 3

Die kleineren Rechtecke diagonal halbieren, sodass Sie nun 8 rechtwinklige Dreiecke erhalten. Jedes Dreieck mit doppelseitig haftendem Bügelvlies auf das große Stoffteil bügeln, wie in der Abbildung gezeigt. Wenn alle Dreiecke platziert sind, das Band in entsprechend lange Stücke schneiden und alle Teile mit Zickzackstichen applizieren.

abbygale

Material

108 x 32 cm Stoff mit Blüten
1 Reißverschluss, 30 cm lang
je 1 Streifen roter Stoff mit weißen Tupfen,
8 x 40 cm und 8 x 28 cm
4 Rechtecke aus andersfarbigen oder
gemusterten Stoffen (vorzugsweise nicht rot),
je 8 x 16 cm
ca. 100 cm rotes Band
50 x 30 cm beidseitig haftendes Bügelvlies
Kissenfüllung, 30 x 50 cm

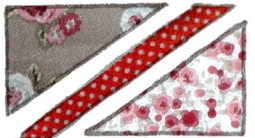

Schritt 4

Das lange Stoffteil mit der rechten Seite nach oben flach ausbreiten und beide Schmalseiten so zur Mitte falten, dass die offenen Kanten dort aneinanderstoßen: An dieser Stelle nähen Sie den Reißverschluss ein. Eine Seite des Reißverschlusses rechts auf rechts an die offene Stoffkante stecken und nähen. Wenn Sie den Zipper erreichen, öffnen Sie den Reißverschluss leicht, damit das Nähfüßchen genügend Platz hat. Sie können zum Einnähen einen Reißverschlussfuß verwenden oder einfach die Nähmaschinennadel in die äußerste linke Position bringen.

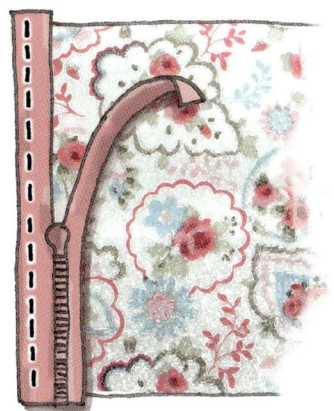

Top-Tipp

Mit einer Zackenschere zugeschnitten, bekommen all Ihre Teile dekorative Kanten.

Schritt 5

Die andere offene Stoffkante rechts auf rechts auf das andere Trägerband des Reißverschlusses stecken und nähen. Denken Sie daran, während des Nähens den Zipper zu versetzen, damit die Nähmaschine die komplette Naht sauber nähen kann. Das obere und untere Ende des Reißverschlusses verschwinden in der Naht.

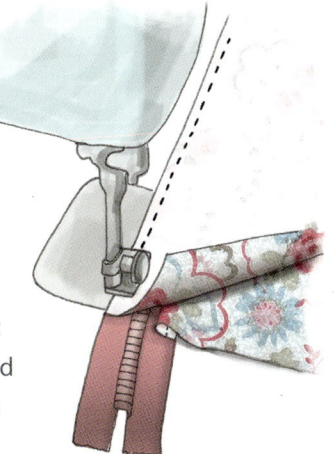

Schritt 6

Achten Sie darauf, dass die Kissenhülle auf links gewendet ist und dass die Mittellinie und der Reißverschluss einander gegenüberliegen. Die offenen Kanten an der Unterkante der Kissenhülle stecken und mit 1,5 cm Nahtzugabe zusammennähen. Über das untere Ende des Reißverschlusses einige Male hin und her nähen, und den überstehenden Teil abschneiden.

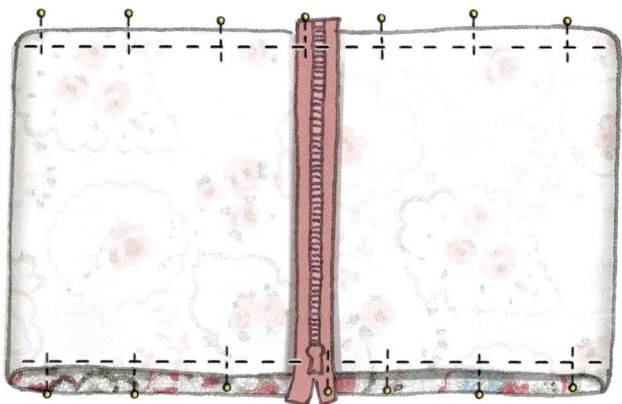

Schritt 7

Vor dem Schließen der oberen Naht den Reißverschluss zur Hälfte öffnen. Dann die Oberkante stecken und die Naht mit 1,5 cm Nahtzugabe schließen.

Schritt 8

Alle losen Fäden auf der Innenseite der Kissenhülle abschneiden, damit sie nicht im Reißverschluss hängenbleiben. Die Hülle durch den offenen Reißverschluss auf rechts wenden und die Kissenfüllung hineinschieben. Reißverschluss schließen.

Schritt 9

Legen Sie das fertige Kissen auf Ihr Sofa und lassen Sie sich von all Ihren Freundinnen beneiden!

Dekorativer *Türstopper*

Ich fülle mein Haus gern mit handgearbeiteten Schätzen. Das sind immer diese hübschen Kleinigkeiten, die anderen Menschen bei uns auffallen. Und alle wissen es zu schätzen, wenn sie solch ein schönes Objekt geschenkt bekommen. Dies ist ein fantastisches Projekt zum Aufbrauchen von Resten Ihrer Lieblingsstoffe, und selbst wenn Sie es nie zum vorgesehenen Zweck verwenden, verleiht es Ihrem Haus eine besondere Note.

Ein hübsches Extra für jedes Haus!

abbygale

Schritt 1

Das Stoffquadrat für die Vorderseite des Türstoppers mit Knöpfen oder anderen Elementen nach Belieben verzieren.

Schritt 2

Vorderseite, Rückseite und 2 Seitenteile mit 1 cm Nahtzugabe entlang der 20 cm langen Kanten zu einem langen Stoffstreifen zusammennähen (siehe Abbildung).

Schritt 3

Die Ecken der Nahtzugaben an Ober- und Unterkante abschneiden und die Nahtzugaben auseinanderbügeln. Dann lassen sich die Stoffteile für Oberseite und Boden des Türstoppers leichter annähen.

Schritt 4

Die offenen Schmalseiten des langen Streifens zusammennähen, sodass eine Kastenform entsteht. Auch diese Nahtzugaben durch Abschneiden der Ecken versäubern.

abbygale

Material

2 Quadrate aus Baumwollstoff mit Blüten, je 20 x 20 cm

4 Rechtecke aus Baumwollstoff mit Punkten, je 10 x 20 cm

30 cm Gurtband

2 kg getrocknete Bohnen als Füllung

Stickgarn und/oder Knöpfe, Perlen o.Ä.

Schritt 5

Das Stoffteil für den Boden rechts auf rechts mittig an eines der Seitenteile stecken. An den Stellen, an denen der Stoff an der Ecke übersteht (wegen der Nahtzugabe), ein kleines Dreieck aus der Nahtzugabe schneiden, um den zusätzlichen Stoff in der Ecke unterzubringen, und den Boden feststecken. Auf die gleiche Weise den Boden auch an die anderen Wände des Türstoppers stecken und die Nahtzugabe an den Ecken einknipsen.

Schritt 8

Die Hülle durch die Öffnung auf rechts wenden und die Ecken sauber ausformen. Nun können Sie Ihren Türstopper füllen: Lassen Sie durch die Öffnung in der oberen Naht Bohnen einrieseln, bis der Türstopper zu zwei Dritteln gefüllt ist.

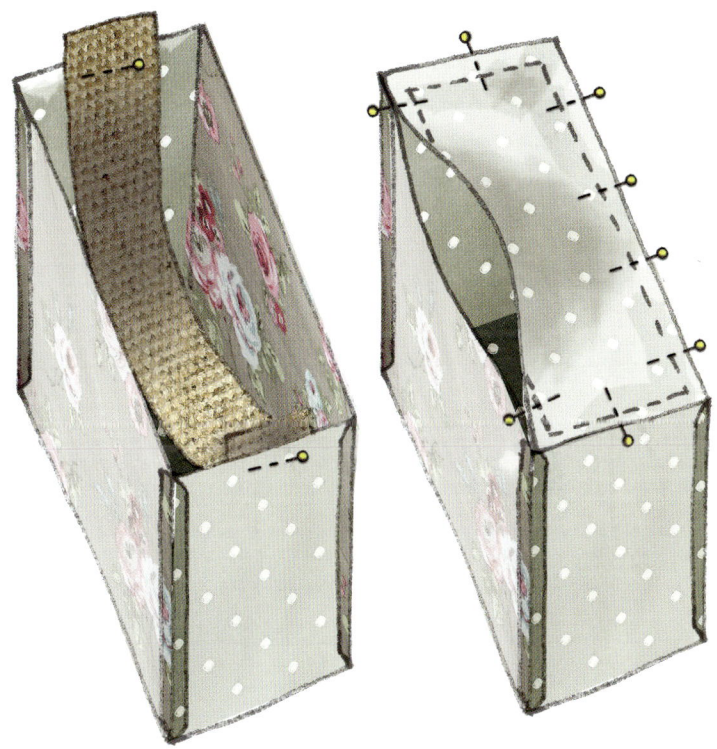

Schritt 6

Wenn der Boden des Türstoppers vollständig an Vorderseite, Rückseite und Seitenteile gesteckt ist, nähen Sie ihn an, sodass ein oben offener Quader entsteht. Wenn Sie beim Nähen die eingeknipsten Ecken erreichen, nähen Sie bis 1 cm vor dem Stoffende, lassen die Nadel im Stoff stecken, heben das Nähfüßchen an und drehen den Stoff. Das Nähfüßchen wieder absenken und weiternähen.

Schritt 7

Das Gurtband auf die rechte Seite der beiden offenen Seitenteile stecken. Dann das Stoffteil für die Oberseite wie zuvor den Boden über den Gurtbandenden auf die obere Öffnung stecken und nähen, jedoch an einer Längsseite eine 10 cm lange Lücke zum Wenden und Füllen des Türstoppers lassen

Schritt 9

Mit Stickgarn und Schlingstichen das gesamte vordere Stoffquadrat des Türstoppers umranden und dabei die Öffnung an der Oberkante zunähen (Schlingstich siehe Seite 91). Das Rückseitenquadrat nach Belieben ebenfalls umsticken.

Nikolausstrumpf

Der Dezember ist mir die liebste Zeit des Jahres. Ich liebe Winterspaziergänge mit Freunden und Familie, gemütliche Abende mit meinen Lieben am Feuer – und natürlich dekoriere ich unser Haus gern mit allerlei festlichem Schnickschnack. Das vergangene Weihnachtsfest war etwas ganz Besonderes, denn es war das erste in unserem neuen Haus. Es war eine wahre Freude, einen Nikolausstrumpf zu gestalten und über den Kamin zu hängen, wo er unserem Wohnzimmer etwas Anheimelndes verlieh.

Ein Quell der Freude, der Liebe und des Lachens!

abbygale

Schritt 1

Die Schnittmusterteile aus Papier ausschneiden. Beide Stoffteile mittig so falten, dass sie 35 cm breit und 50 cm hoch sind. Die Schnittmuster auf die beiden doppellagigen Stoffe legen und feststecken. Die Teile für den Strumpf aus beiden doppelt liegenden Stoffen zuschneiden.

Schritt 2

Die Papierschnitte entfernen und die einzelnen Teile des Strumpfes jeweils rechts auf rechts aufeinanderlegen. Achten Sie darauf, die passenden Stoffe für Ferse, Spitze und Bündchen zu verwenden.

Schritt 3

Die Strumpfteile mit 1 cm Nahtzugabe zusammennähen. Bündchen, Spitze und Ferse an den Hauptteil der Strumpf-Außenseite nähen und mit den Futterteilen genauso verfahren. Sie haben nun vier Strumpfformen.

Schritt 4

Die beiden Teile für die Außenseite des Strumpfes rechts auf rechts aufeinanderlegen, stecken und bis auf die Oberkante rundum zusammennähen. Die Futterteile ebenfalls zusammennähen. Verriegeln Sie Beginn und Ende der Naht jeweils mit einigen Rückstichen.

abbygale

Material

35 x 100 cm grüner Stoff mit Blüten für die Außenseite

35 x 100 cm roter Stoff mit Punkten für das Futter

24 cm rotes Band mit Punkten

Schritt 5

Das Außenteil auf rechts wenden und beide Teile bügeln. Dann das Futter sorgfältig in das Außenteil einpassen.

Schritt 6

Die offenen Kanten von Futter- und Außenstoff am oberen Rand des Strumpfes ca. 2 cm breit nach innen umschlagen.

Schritt 7

Die offenen Kanten von Futter- und Außenstoff am oberen Rand des Strumpfes ca. 2 cm breit nach innen umschlagen.

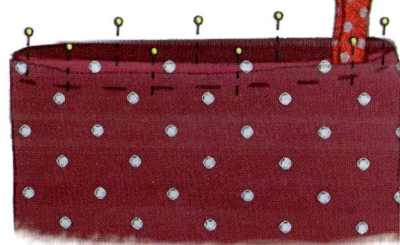

Schritt 8

Das Band zur Hälfte zusammenlegen, die Enden zwischen die beiden umgefalteten Stoffkanten schieben und feststecken. Den Strumpf rund um die Oberkante absteppen oder mit Schlingstichen umsticken, um die Kanten von Futter und Außenstoff zu verbinden (siehe Seite 91).

Schritt 9

Strumpf aufhängen und auf den Nikolaus warten!

Nähfrei-Idee

Verpacken Sie Ihre Geschenke doch einmal mit Stoff und einem schönen Band. An die Schleife binden Sie ein Schildchen mit einem Vorschlag, was der Empfänger aus dem Stoff machen könnte.

Top-Tipp

Nähen Sie doch ein Glöckchen an Ihren Strumpf - dann hören Sie es, wenn der Nikolaus kommt!

Die Arbeit einer Frau endet nie

Beth und ich haben das Glück, über ein großzügiges Atelier in Cockington zu verfügen, einem malerischen englischen Dorf auf dem Land mit alten, reetgedeckten Cottages und einem bezaubernden Ortsbild. An einem solchen Ort zu arbeiten ist wie eine Zeitreise in die Vergangenheit – aber schon von Berufs wegen mit all dem Drum und Dran des 21. Jahrhunderts im Rücken.

Die Projekte, die wir für dieses Kapitel ausgewählt haben, sind allesamt Ideen, die das Arbeitsleben leichter und schöner machen. Die Hüllen für Handy und Tablet-Computer steigern die Freude am Gebrauch dieser technischen Helferlein noch, indem sie die Grenze zwischen Moderne und Tradition verwischen. Eine solche prachtvolle Hülle zu nähen, ist eine fantastische Möglichkeit, solche Geräte zu schützen und ihnen zugleich eine persönliche Note zu verleihen. Die Handtasche ist das perfekte Accessoire: groß genug für alles Notwendige, aber dennoch elegant, tragbar und schick.

Wir haben eine kleine Sammlung alter Nähmaschinen, und obwohl sie wirklich schöne Designobjekte sind, verwenden wir sie nur selten zum Nähen. Bei den meisten modernen Maschinen geht Zuverlässigkeit vor Schönheit; sie wirken oft unförmig und klobig neben all den liebevoll ausgewählten Einrichtungsgegenständen. Unter der Hülle, die wir für dieses Kapitel gestaltet haben, behält Ihre Nähmaschine ihren Ehrenplatz und bleibt stets einsatzbereit, ohne aufzufallen wie ein bunter Hund.

Beth und ich sind glücklich darüber, unsere Arbeit zu lieben. Ja, wenn wir einzigartige Dinge aus schönen Stoffen gestalten, ist es geradezu schwierig, sich nicht inspiriert zu fühlen. Wenn Sie einige der Projekte in diesem Buch genäht haben, werden Sie uns zustimmen, dass handgearbeitete, natürliche Dinge im Leben viel mehr Freude bereiten als Massenware vom Fließband.

56

Schöner Stoff ist unser Heilmittel für das
unwirtliche digitale Zeitalter!

Tasche
im Landhausstil

Ich bin von dieser Tasche und ihrer traditionellen Form ganz begeistert. Sie hat genau die richtige Größe für alles Notwendige – und für all den Krimskrams, nach dem meine Kinder ständig quengeln. Da versteht es sich von selbst, dass ich sie oft und zu allen Gelegenheiten verwende. Kürzlich habe ich eine „Abendversion" dieser Tasche aus blauem Samt mit gemustertem Seidenfutter genäht und mit Perlen und einem Glasknopf zum Glitzern gebracht.

Perfekt für Stadt und Land, Tag und Abend!

abbygale

Schritt 1

Gemäß Vorlage vier Stoffteile zuschneiden (je zwei für Außenseite und Futter). Aus dem restlichen Stoff vier Streifen (8 cm breit und ca. 60 cm lang) für die Henkel schneiden: jeweils zwei aus dem Stoff für die Außenseite und für das Futter. Die Taschenteile rechts auf rechts aufeinanderstecken und entlang der linken und rechten Kanten zusammennähen.

Material

2 Rechtecke Stoff mit Rosen für die Außenseite, je 70 x 60 cm
2 Rechtecke Stoff mit Herzen oder Punkten für das Futter, je 70 x 60 cm
1 Knopf
20 cm gestreiftes Band
Sicherheitsnadel

Schritt 2

Das Außenteil auf rechts wenden und einen Knopf ca. 10 cm unterhalb der Oberkante mittig annähen. Nun das Außenteil dem Futter entsprechend wieder auf links wenden und an beiden Teilen die untere Naht schließen, dabei jedoch beim Futter ein Stück Naht zum Wenden offen lassen.

Schritt 3

Damit die Tasche Volumen in der Breite bekommt, beim Futterteil die unteren beiden Ecken nach außen ziehen und 4 cm vom Eckpunkt entfernt absteppen. Anschließend die Dreiecke abschneiden (siehe Abbildung). Beim Außenteil genauso verfahren.

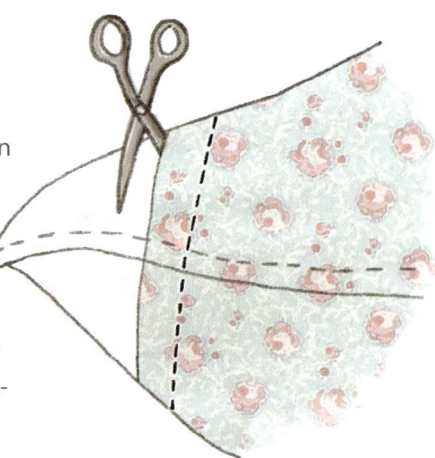

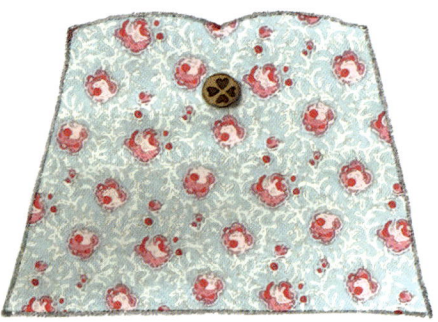

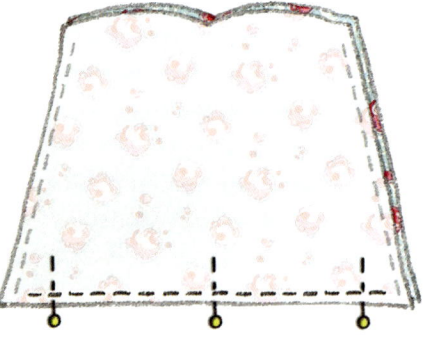

Schritt 4

Für einen Henkel je einen Streifen aus Außenseiten- und Futterstoff rechts auf rechts aufeinanderstecken und zusammennähen (siehe Abbildung). Den Henkel auf rechts wenden (beim Durchziehen hilft eine an einem Ende angebrachte Sicherheitsnadel). Den anderen Henkel genauso arbeiten, dann beide Henkel bügeln und knappkantig entlang beider Längskanten absteppen, um sie zu verstärken.

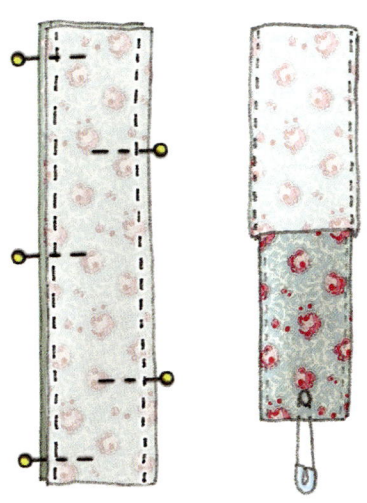

Schritt 6

Wenn alle Kanten exakt und flach sind, die Oberkante der Tasche rundum bügeln und absteppen. Nähen Sie dabei so knapp wie möglich an der Kante entlang, ohne über den Stoff hinauszunähen. Nehmen Sie sich dafür Zeit, dann wird das Ergebnis absolut professionell ausfallen. Zum Schluss die Öffnung im Futter von Hand zunähen.

Schritt 5

Das Futter so ins Außenteil der Tasche stecken, dass die rechten Stoffseiten aufeinandertreffen. Das Band zur Hälfte zusammenlegen und die Bandenden gegenüber dem Knopf zwischen Futter und Außenseite einheften. Die Henkel mittig platzieren (siehe Abbildung) und ebenfalls heften. Achten Sie darauf, dass die entsprechenden Stoffe von Henkel und Tasche zueinander weisen. Dann die Oberkante der Tasche heften und nähen. Wenn alle Nähte geschlossen sind, die Stecknadeln entfernen und die Tasche vorsichtig auf rechts wenden, dabei die Henkel durch die Öffnung an der Unterkante des Futters ziehen.

Ein Mädchen hat nie zu viele Taschen!

Handyhülle
im Vintage-Stil

Unsere Handyhüllen im Vintage-Stil mit nostalgischem Blumenmuster gehörten zu unseren allerersten Modellen. Diese hinreißenden kleinen Stoffhüllen passen zu den meisten Handys und sind sehr einfach anzufertigen. Handys sind heutzutage ein fester Bestandteil des Familienlebens – egal, ob es darum geht, Fotos zu machen, E-Mails zu verschicken, die Kinder zu beschäftigen oder sogar zu telefonieren. Wir finden, dass unsere Hüllen eine natürliche Note und einen Hauch Vintage-Flair ins Leben des 21. Jahrhunderts bringen.

Nostalgische Blüten für die moderne Welt!

Schritt 1

Anhand des Schnittmusters zwei Stoffteile zuschneiden (je eines für Außenseite und Futter).

Schritt 2

Den Stoff für die Außenseite ausbreiten und auf Klappe, Knopf und Klettverschluss nähen (siehe Abbildung). Achten Sie dabei besonders auf die Maße: Der Knopf für die Klappe wird bis zur Knopfmitte gemessen, die Klettverschlusspunkte messen Sie jedoch nur bis zur Unterkante.

Schritt 3

Den Futterstoff ausbreiten und den anderen Teil des Klettverschlusses aufnähen (siehe Abbildung). Achtung: Messen Sie dabei von der Oberkante des Stoffes bis zur Oberkante des Klettverschlusses.

abbygale

Material

12 x 37 cm weißer Stoff mit Blüten für die Außenseite

12 x 37 cm grauer Stoff mit Blüten für das Futter

1 Knopf

8 cm blaues Band mit Punkten

1 runder Klettverschluss

Schritt 4

Beide Stoffteile rechts auf rechts aufeinanderlegen. Das Bandstück zur Hälfte zusammenlegen und an der Oberkante der Klappe zwischen die beiden Stoffe stecken, sodass es oben ca. 1 cm weit übersteht. Das Band mittig mit einer Stecknadel fixieren, dann die Seitenkanten zusammenstecken (siehe Abbildung).

Schritt 5

Die Stoffteile an drei Seiten mit 7 mm Nahtzugabe zusammennähen (siehe Abbildung). An der Unterkante ein Stück Naht zum Wenden offen lassen. Die Stecknadeln entfernen und die Hülle auf rechts wenden, dabei die Ecken nötigenfalls mit einem geeigneten Werkzeug ausformen. Wir haben das Ende eines Essstäbchens verwenden, aber auch jedes andere dünne und stumpfe Stäbchen eignet sich für diesen Zweck.

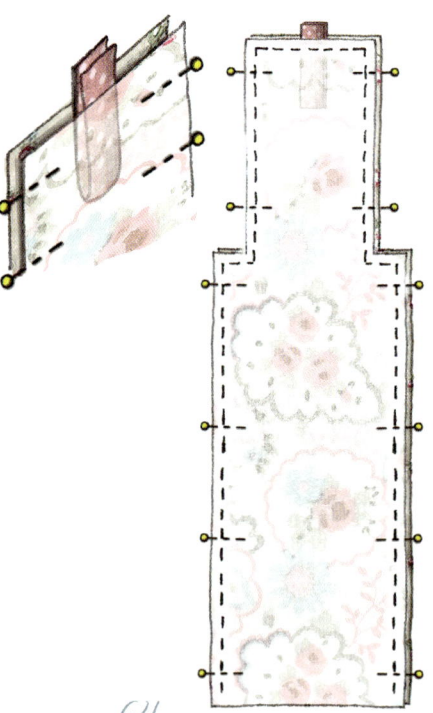

Schritt 6

An der offenen Kante einen 1,5 cm breiten doppelten Saum nach außen umschlagen und bügeln, damit er zum Nähen sauber und glatt liegt. Achtung! Den Klettverschluss nicht bügeln, da er sonst schmilzt. Die gesamte übrige Hülle ebenfalls bügeln, damit alle Kanten flach liegen.

Schritt 7

Alle Seiten mit 3 mm Abstand zu den Kanten absteppen. Die Unterkante des Täschchens nach oben zu den „Schultern" falten und beide Seiten entlang der bereits bestehenden Naht zusammennähen. Es lohnt sich, diese Naht zweimal zu steppen und die Enden durch Rückstiche zu verstärken.

Schritt 8

Die Tasche auf rechts wenden und noch einmal überbügeln.

Notizbuchhülle

Bringen Sie mit einem stoffumhüllten Notizbuch, das zu Ihrer Tasche passt, Ordnung in Ihr Leben. Den Stoff etwas größer als das Notizbuch zuschneiden und mit Textil- kleber zusammenhalten, dabei die Kanten über die Innenseite von Vorder- und Rückseitenteil falten.

Trendige Hülle für

Tablet-Computer

Ich habe den Eindruck, dass mein Haus voll von Computern, Smartphones & Co. ist. Ich benütze sie täglich und verlasse mich mehr und mehr auf meinen Tablet-Computer. Mein dicht gedrängter Terminplan erscheint mir etwas weniger abschreckend, wenn alles in einem Gerät organisiert ist, das mich mit zarten Glöckchen und Alarmtönen an die nächste Aufgabe des Tages erinnert. Ich wollte diesem Helferlein eine persönliche Note verleihen und zugleich klebrige Finger vom Bildschirm fernhalten. Deshalb habe ich mich daran gemacht, diese hübsche Hülle zu nähen. Sie ist im Nu genäht und passt perfekt zur Handyhülle.

Moderne Technik – hübsch verpackt!

So berechnen Sie den Stoffbedarf

Geben Sie zur Breite Ihres Tablet-Computers 5 cm zu und verdreifachen Sie das Längenmaß. Beispiel: Für ein Gerät von 25 cm Länge und 19 cm Breite brauchen Sie 75 x 24 cm Stoff.

Schritt 1

Das Bügelvlies auf die gleiche Größe wie Außen- und Futterstoff zuschneiden und auf den Futterstoff aufbügeln. Durch die Bügeleinlage wird die Hülle ein wenig steifer. Wenn Sie kein Bügelvlies zur Hand haben, können Sie stattdessen auch Volumenvlies verwenden.

Material

ca. 80 x 25 cm weißer Stoff mit Tieren für die Außenseite
ca. 80 x 25 cm weißer Stoff mit Blüten für das Futter
Verzierungen (z.B. Knöpfe etc.)
Streifen-Band (ca. 10 cm)
Klettverschlusspunkte
Bügelvlies mittlerer Festigkeit

Schritt 2

Die gewünschten Zierelemente auf die spätere Außenklappe der Hülle aufnähen. Wir haben ein niedliches Etikett und einige Knöpfe angebracht. Um diese Verzierungen besonders akkurat platzieren zu können, legen Sie Ihren Tablet-Computer am besten mittig auf den Stoff und falten den unteren Teil (= Tasche) nach oben und den oberen Teil (= Klappe) nach unten.

Schritt 3

Den Außenstoff und das Futter (mit aufgebügelter Vlieseinlage) rechts auf rechts aufeinanderlegen und mit 1 cm Nahtzugabe an drei Seiten zusammennähen; die Oberkante der Klappe bleibt offen. Die Nahtzugabe an den beiden unteren Ecken zurückschneiden, damit die Ecken nach dem Wenden glatter liegen.

Schritt 4

Den Stoff auf rechts wenden. Die Ecken gut ausformen und die Hülle bügeln, damit das Ergebnis glatt und sauber ausfällt.

Schritt 5

Den Tablet-Computer mittig auf dem Stoff platzieren und den geschlossenen unteren Teil so nach oben ziehen, dass er das Gerät vollständig bedeckt. Die Lagen zusammenstecken.

Schritt 6

Die oben noch offene Klappe nach unten falten und die offenen Kanten nach innen einschlagen. An diesem Punkt können Sie die Länge der Klappe ganz nach Belieben anpassen. Wenn Sie möchten, können Sie die Klappe auch auf die gewünschte Länge abschneiden. Sobald Sie mit der Klappengröße zufrieden sind, schlagen Sie die offenen Kanten nach innen ein, stecken Futter und Außenstoff zusammen und entfalten die Arbeit.

Schritt 7

Nähen Sie einen Klettverschlusspunkt mit Häkchen mittig auf die Innenseite der Klappe, ca. 4 cm oberhalb der Kante, und achten Sie darauf, beim Nähen nicht zur Vorderseite der Klappe durchzustechen. Die weiche Hälfte des Klettverschlusses so auf den entsprechenden Teil der Tasche nähen, dass die beiden Hälften aufeinandertreffen. Das Band zur Hälfte zusammenlegen und die Bandenden 2 cm weit in die offene Kante der Klappe stecken.

Schritt 8

Die Tablet-Hülle mit 1 cm Abstand zur Kante entlang der beiden Seitenkanten und der Oberkante zusammennähen und dabei die Tasche und die gesteckte Naht an der Oberkante fixieren. Wenn Sie feststellen, dass der Stoff zu weit ist und nicht eng am Gerät anliegt, die Nahtzugabe entsprechend anpassen.

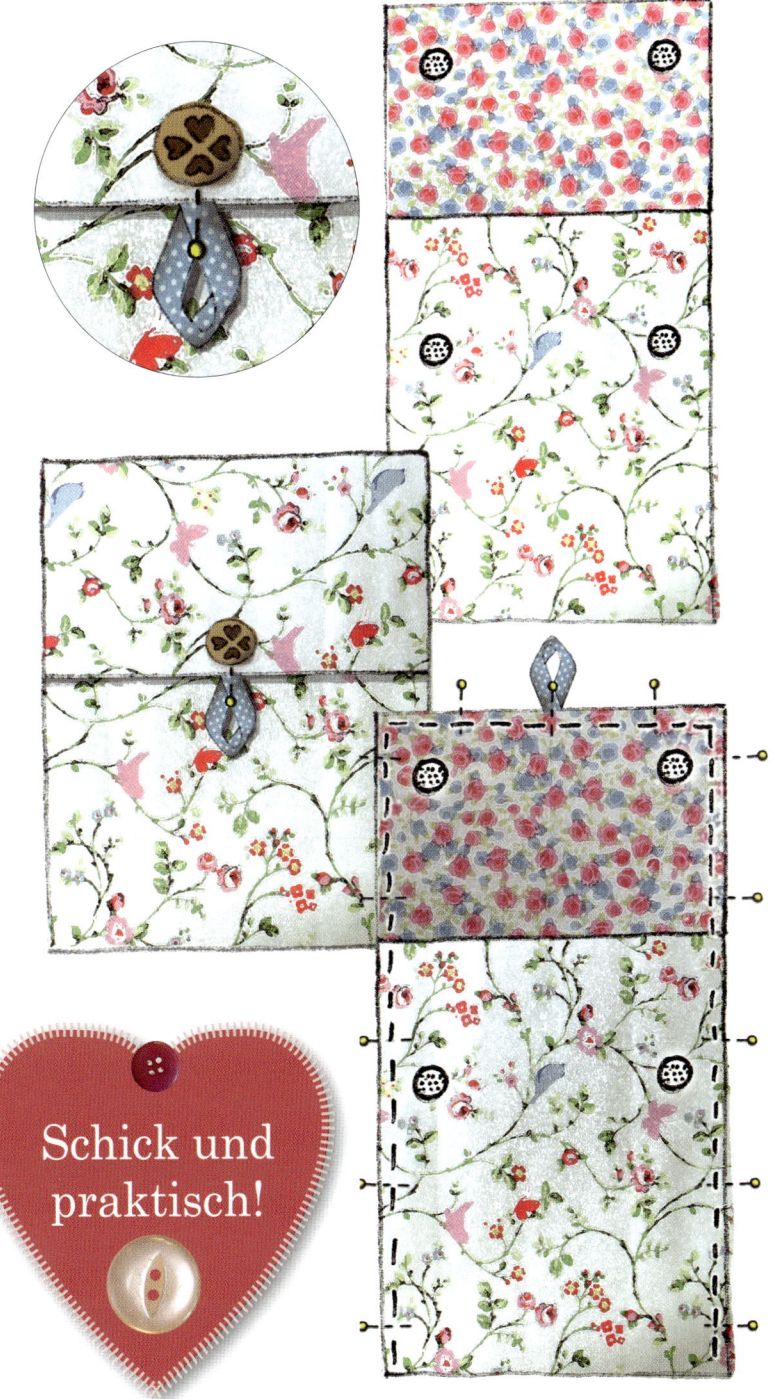

Schick und praktisch!

Nähmaschinenhaube

Ich besitze fünf Nähmaschinen. Drei davon sind wunderschöne, alte Modelle, die hinreißend aussehen – zwei alte Singer und eine herrlich dekorative Jones. Sie haben ihre Mucken, sind schwer und überhaupt nicht praktisch, aber ich schaue sie schrecklich gern an. Ich liebe das Gefühl des Nähens mit der Trittplatte und das leise Surren. Meine beiden am häufigsten verwendeten und praxistauglichen Maschinen hingegen gewinnen keinen Schönheitspreis. Sie sind unförmig, gesichts- und seelenlos, aber ich benütze sie ständig, weil sie so zuverlässig sind, und deshalb habe ich eine Haube für die Nähmaschine als Projekt in dieses Buch aufgenommen. Sie ist perfekt – leicht überzuziehen und abzunehmen und hübsch anzusehen. Dieses Modell ist eine wundervolle Methode, Ihre Maschine zu verstecken, wenn sie nicht gebraucht wird, und vergnüglich zu nähen.

Ich würde am liebsten den ganzen Tag nähen!

Emma Curtis
Thread Lane
Sewing Heaven

Schritt 1

Berechnen Sie zunächst, wie groß Ihre Hülle werden muss. Dazu messen Sie die Breite Ihrer Nähmaschine und geben 10 cm zu. Als Nächstes messen Sie von der hinteren Bodenplatte über die gesamte Maschine hinweg zur vorderen Bodenplatte Ihrer Maschine: Der Stoff sollte gerade eben die Fläche berühren, auf der Ihre Maschine auf beiden Seiten aufsitzt. Schneiden Sie anhand dieser Rechteckform zwei Stoffteile zu – je eines für Außenseite und Futter.

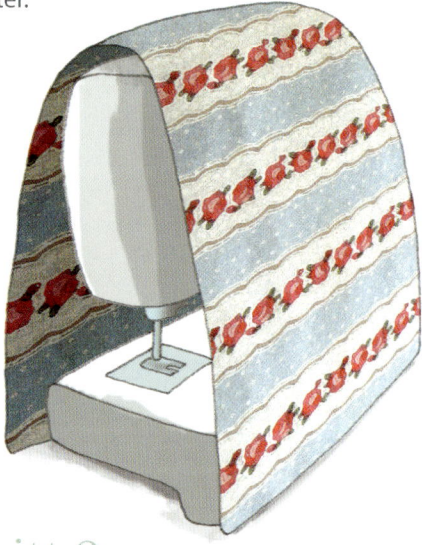

Schritt 2

Wir gestalten mithilfe von bedruckbarem Stoff und einem Tintenstrahldrucker ein Buchstabenmuster auf der Außenseite der Haube; Sie können aber auch jedes andere Applikationsmotiv anbringen. Verwenden Sie ein Filzrechteck als Leinwand für das Applikationsmotiv. Lassen Sie Ihrer kreativen Seite die Zügel schießen, indem Sie nach Belieben Verzierungen verwenden, Ihr Stickmuster abwandeln, Fotos und allerlei Stoffreste einsetzen. Sie können sogar Ihre Kinder mitmachen und mit Textilkleber ein Applikationsmotiv anfertigen lassen.

Material

ca. 60 x 80 cm Stoff mit Blüten und Punkten für die Außenseite
ca. 60 x 80 cm passender Stoff für das Futter
24 x 32 cm Filz
Volumenvlies
Stickgarn
120 cm rote Pompon-Borte
200 cm Band, altrosa mit Pünktchen
Verzierungen nach Belieben

Schritt 3

Wenn Sie mit der Platzierung des Applikationsmotivs zufrieden sind, schieben Sie etwas Volumenvlies hinter das Filz-Rechteck und stecken es zusammen mit den anderen Verzierungen, die Sie anbringen wollen, auf die Vorderseite der Haube. Dann nähen Sie das Filz-Rechteck mit Zickzackstichen auf. Wir haben eine Rose aus einem Stoffrest ausgeschnitten und eine Jojo-Blüte als zusätzliche Dekoration gearbeitet (siehe Seite 92). Nähen Sie Ihre verbleibenden Verzierungen mit Stickgarn auf.

Schritt 4

Den Stoff für die Außenseite und den für das Futter rechts auf rechts aufeinanderlegen und die Pompon-Borte an beiden Schmalseiten dazwischenfassen. Die Teile zusammenstecken, sodass die gerade Kante der Pompon-Borte mit der Stoffkante übereinstimmt und die Pompons nach innen zeigen. Auf diese Weise hängen sie nach dem Wenden der Haube nach unten.

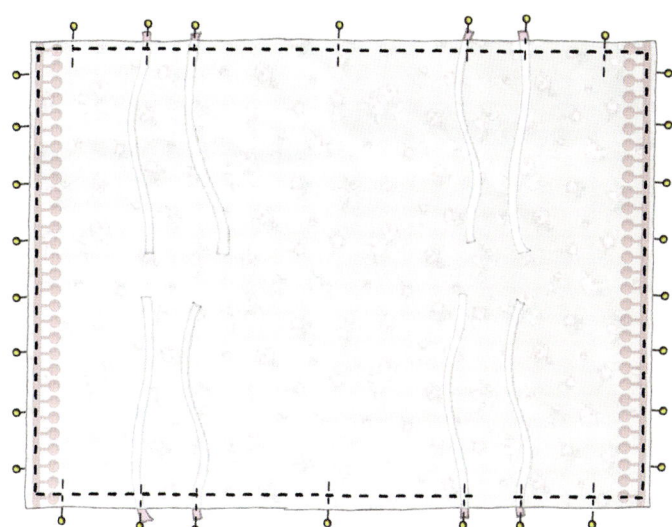

Schritt 5

Das Band in acht gleiche Teile à 25 cm schneiden. Legen Sie die Haube zur Hälfte zusammen und entscheiden Sie, wo die Bindebänder sitzen sollen. Jedes Bandstück zwischen Außenstoff und Futter platzieren und feststecken. Stets zwei Bandstücke einander gegenüber fixieren. Am Ende sollten auf jeder Seite 4 Bandstücke angebracht sein.

Schritt 6

Außenstoff und Futter an allen vier Seiten rundherum zusammennähen und dabei die Bindebänder und die Pompon-Borte mitfassen. Zwischen zwei Bindebändern ein 15 cm langes Stück Naht zum Wenden offen lassen.

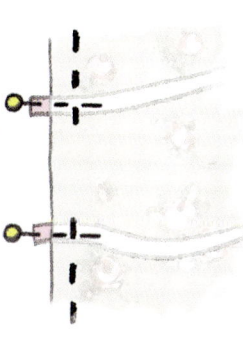

Schritt 7

Die Haube durch die Öffnung auf rechts wenden und die offenen Kanten an der Öffnung nach innen falten. Die Haube bügeln und rundherum mit 5mm Abstand zur Kante absteppen.

Top-Tipp

Applikationsmotive, wie sie bei der Nähmaschinenhaube zum Einsatz kommen, können Sie für alle Arten von Gegenständen verwenden: für Gobelinstickereien, Kissen, Tischsets und sogar für Kinderkleidung.

Eine englische Gartenparty

Lange Sommerabende in Devon sind kaum zu überbieten, und eine schöne Zeit mit Familie und Freunden zu genießen ist Balsam für die Seele. Unser Garten bietet den perfekten Rahmen für eine sommerliche Gartenparty. Natürlich spielt das britische Wetter bei solchen Vorhaben nicht immer mit, aber von ein, zwei Regenschauern lassen wir uns nicht abschrecken.

Obwohl meine Kenntnisse der Pflanzenwelt sehr begrenzt sind, habe ich mir jahrelang einen großen Garten gewünscht. Zum Glück sind meine Eltern ausgezeichnete Gärtner und stets mit ihrem grünen Daumen zur Stelle, um uns zu beraten. Mein Vater hat fantastische Gestaltungsideen, und meine Mutter kann einfach alles aus Stecklingen und Samen heranziehen. Mein jüngster Plan ist, einen Lavendelpfad anzulegen, der sanft durch den Garten mäandert und mit vielen Metern einer reizenden, handgemachten Wimpelgirlande gesäumt wird.

Bei der Arbeit an diesem Kapitel hatten Emma und ich viel Spaß daran, Modelle für drinnen und draußen zu entwerfen. Unser prächtiger Tischläufer und die passenden Platzdeckchen gehören zu meinen Lieblingsprojekten in diesem Buch. Sie sind so einfach anzufertigen und sehen einfach göttlich aus, wenn man damit den Tisch für ein Picknick im Garten deckt. Noch bequemer wird's, wenn Sie dazu unseren Sitzsack in traditioneller englischer Patchworktechnik nähen. Diese Sitzsäcke sind bei meinen Kindern und ihren Freunden so beliebt, dass ich kaum jemals die Gelegenheit bekomme, selbst darauf zu sitzen.

Unser Teewärmer ist klassischer britischer Stil und wird immer mit Komplimenten bedacht, wenn wir Gäste zum Tee haben. Wenn Sie schon mal den Teewärmer für Ihre Kanne genäht haben, könnten Sie auch gleich unser Rezept für Devon Cream Scones ausprobieren und so ganz in die feine englische Art eintauchen.

Rezept für Devon Cream Scones

Den Backofen auf 220 °C (Gas Stufe 7) vorheizen. 400 g Mehl, 1 TL Backpulver
und eine Prise Salz in eine Rührschüssel geben. 50 g Butter mit den Fingern
daruntermengen, sodass Streusel entstehen, die wie Brotkrumen aussehen.
3 EL feinsten Zucker hinzufügen und untermischen. Nach und nach 250 ml
Milch hinzufügen und die Mischung mit einem Holzlöffeln zu einem Teig
verarbeiten. Den Teig ausrollen. Mit einem Plätzchenausstecher die Scones
ausstechen, mit Milch bestreichen und auf ein gefettetes Backblech legen.
10–12 Minuten backen. Die Scones mit Unmengen von Devon Clotted Cream
(ersatzweise Crème double) und Erdbeermarmelade servieren.

Tischläufer und Sets
für den Garten

Ein liebevoll gedeckter Tisch wirkt auf Gäste besonders einladend und trägt viel zur Atmosphäre jedes Festes bei. Ich kann mein schlichtes Lieblingsgeschirr aufdecken, und meine Gäste sind trotzdem beeindruckt. Der schöne Tischläufer und die Platzdeckchen werden aus einzelnen Blöcken zusammengesetzt, sodass Sie keine riesigen Stoffstücke brauchen. Ich schätze es auch, wenn sich die Tischsets ein klein wenig voneinander unterscheiden, und personalisiere sie sogar für besondere Anlässe. Frisch gepflückte Wiesenblumen und ein Service aus lauter Einzelteilen verleihen jedem Abendessen mit Freunden eine Vintage-Note.

In einem gemütlichen Heim muss nichts zueinander passen!

abbygale

Schritt 1

Drei Streifen harmonierender Stoffe rechts auf rechts aufeinanderlegen und an den Längsseiten zusammenstecken und
-nähen. Mit den anderen Streifen genauso verfahren, sodass
3 Quadrate aus je 3 Streifen entstehen.

Schritt 2

Die Quadrate bügeln, dabei die Nahtzugaben flach bügeln.
Dann die Teile zusammennähen und dabei das mittlere
Quadrat so drehen, dass die Streifen im 90-Grad-Winkel zu
denen der beiden seitlichen Quadrate verlaufen.

Schritt 3

Das Band halbieren. Die Bandstücke
auf die Nähte zu beiden Seiten des
Mittelfeldes nähen.

Schritt 4

Alle 4 Seiten säumen.

9 Streifen Stoff nach Wunsch, jeweils 18 x 50 cm
100 cm farblich passendes Band

Schritt 1

Zwei Stoffstreifen rechts auf rechts aufeinanderlegen, stecken und entlang einer Längsseite zusammennähen. Die Nahtzugaben auseinanderbügeln.

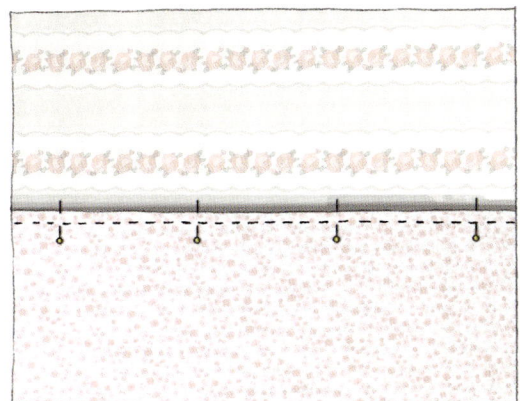

abbygale

Material für 4 Tischsets

8 Streifen Stoff nach Wunsch, jeweils 18 x 50 cm
4 farblich passende Bandstücke, jeweils 65 cm lang

Schritt 3

Das Band bis zu den Schlaufen mit zwei Nähten aufsteppen. Vor der ersten Schlaufe eine vertikale Naht arbeiten, dann weitere vier vertikale Linien zwischen den Schlaufen und nach der dritten Schlaufe nähen. Dann den Rest des Bandes wie den Anfang mit zwei Nähten aufsteppen. Das überstehende Band um die Kante herum einschlagen.

Schritt 2

An der linken Seite des Tischsets beginnend, das Band entlang der Mittelnaht aufstecken und dabei am linken Rand 1 cm Band überstehen lassen. Wenn Sie ca. 40 cm Band aufgesteckt haben, drei Schlaufen von Fingerdicke legen und stecken, dann das restliche Band entlang der Mittelnaht aufstecken.

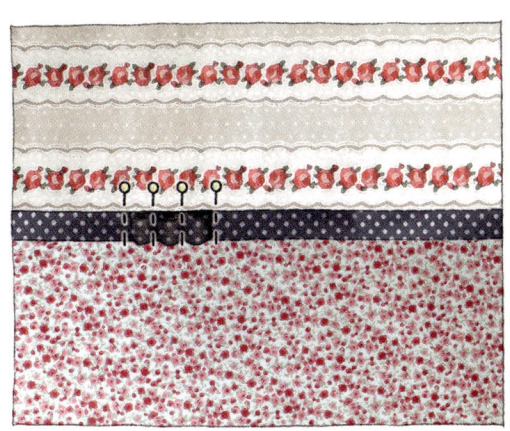

Schritt 4

Alle offenen Kanten säumen und dabei die Bandenden mit einschließen. Die drei anderen Tischsets auf die gleiche Weise nähen. Sie können dabei die Stoffe nach Belieben kombinieren und austauschen oder auch für die anderen Tischsets einen neuen Stoff verwenden.

Teewärmer
auf die feine englische Art

Eine Teestunde mit Freundinnen ist immer ein Vergnügen, besonders wenn man bei dieser Gelegenheit ein paar süße Leckereien genießen und gemütlich plaudern kann. Meine Freundinnen und ich treffen uns jeden Monat reihum zu Tee und Kuchen. Ich habe beim letzten Mal einen traditionellen Devon Cream Scone (Rezept siehe Seite 75) serviert. Der richtige Rahmen ist für mich so wichtig, dass ich diesen hinreißenden Teewärmer als Mittelpunkt der Teetafel gestaltet habe. Er ist wirklich einfach zu nähen, sieht großartig aus und hält den Tee zuverlässig warm.

Teestunde mit allem Zick und Zack

80

Schritt 1

Mithilfe des Schnittmusters die Form für den Teewärmer zuschneiden: je zweimal aus dem Stoff für die Außenseite, aus dem Futterstoff und aus dem Volumenvlies.

Schritt 2

Für die Deko-Teebeutel zwei Kreise mit einem Durchmesser von 8 cm und zwei Quadrate (8 x 8 cm) aus zwei kontrastierenden Stoffen zuschneiden. (Wir haben einen Stoff mit Teetassen- und Untertassen-Dekor verwendet.)

Schritt 3

Stoffteile für jeden Teebeutel rechts auf rechts aufeinander-legen und bis auf eine 2 cm lange Öffnung zum Wenden mit 5 mm Nahtzugabe rundum zusammennähen. Die Formen mit Volumenvliesresten füllen. Das 40 cm lange Band halbieren, die Enden in die Öffnungen der Teebeutel schieben und feststecken. Die Teebeutel rundherum knappkantig absteppen, sodass auch die Wendeöffnung sauber geschlossen ist.

Schritt 4

Die Tasche auf die gleiche Weise arbeiten: Die Stoffteile rechts auf rechts aufeinanderlegen und bis auf eine 2 cm lange Wendeöffnung zusammennähen. Das Teil auf rechts wenden und rundherum knappkantig absteppen.

Material

80 cm Schrägband mit Pünktchen, 18 mm breit

80 cm rote Zackenlitze

40 cm Pünktchen-Band für die Teebeutel

2 Stoffquadrate, je 11 x 11 cm, für die Tasche

2 Stoffkreise, Ø 8 cm (für Teebeutel Nr. 1)

2 Stoffquadrate, 8 x 8 cm (für Teebeutel Nr. 2)

100 x 30 cm Stoff mit Blumendekor für die Außenseite

100 x 30 cm Stoff mit Punkten für das Futter

100 x 30 cm Volumenvlies

Schritt 5

Die Zackenlitze halbieren und je ein Teil zusammen mit der Tasche auf der vorderen Außenseite des Teewärmers platzieren und feststecken. Die andere Hälfte der Zackenlitze auf der gleichen Höhe auf das rückwärtige Außenteil des Teewärmers stecken. Zackenlitze und Tasche auf-nähen, dabei jedoch die Tasche oben offen lassen.

Schritt 6

Die Bänder mit den Teebeuteln in die obere Mitte des vorderen Teewärmerteils stecken.

Schritt 7

Beide Außenteile des Teewärmers rechts auf rechts aufeinanderlegen und mit 1 cm Nahtzugabe entlang der Rundung zusammennähen, dabei auch die Enden der Teebeutel-Bänder mitfassen. Die Hülle auf rechts wenden.

Schritt 9

Das Futterteil in das Außenteil schieben. Das Schrägband rund um die äußere Unterkante aufstecken, dabei unten eine 5 mm breite Lücke lassen. Das Schrägband entfalten und entlang der Faltkante aufnähen. Überstehenden Stoff und Volumenvlies an der Unterkante des Teewärmers zurückschneiden, um hässliche Wülste zu vermeiden.

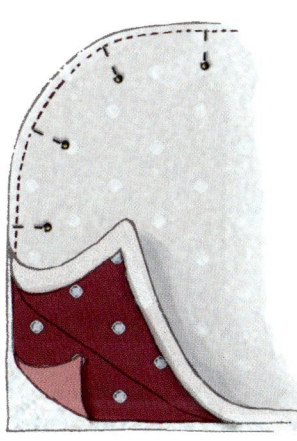

Schritt 8

Die Futterteile rechts auf rechts zwischen die beiden Volumenvlies-Teile legen und alle Lagen zusammenstecken. Alle vier Lagen entlang der Rundung mit 1 cm Nahtzugabe zusammennähen.

Schritt 10

Die offene Kante des Schrägbandes um die Unterkante des Teewärmers herum falten und am Futter feststecken. Das Schrägband von Hand oder sehr vorsichtig mit der Nähmaschine annähen.

Traditioneller
englischer Patchwork-Sitzsack

Vor einiger Zeit habe ich mich einer Gruppe angeschlossen, in der sich ein paar Mütter von Schulkindern jede Woche an einem Abend treffen, um Quilts zu nähen. Das ist eine ausgezeichnete Methode, all die Stoffreste aufzubrauchen, die so herumliegen (und ich habe Schränke voller Stoff!). Eines der ersten Projekte, an die wir uns gewagt haben, war ein Nadelkissen in der Art traditionellen englischen Patchworks. Ich war von dieser Technik so begeistert, dass ich beschlossen habe, eine riesige Version davon als Sitzsack für Haus und Garten anzufertigen. Die Sechsecke sind leicht und schnell zusammengenäht, müssen aber sorgfältig abgemessen und zugeschnitten werden, damit sie perfekt zusammenpassen. Doch die Mühe lohnt sich, denn das Ergebnis ist einfach hinreißend.

Patchwork macht süchtig!

Schritt 1

Die Vorlage für das Sechseck 20 x und die Vorlage für das Quadrat 6 x ausdrucken oder fotokopieren. Je dünner das Papier ist, desto besser!

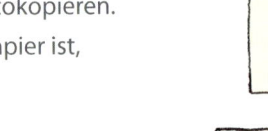

Schritt 2

Die Vorlage auf den Stoff stecken und den Stoff mit 2 cm Abstand zu den Papierkanten zuschneiden.

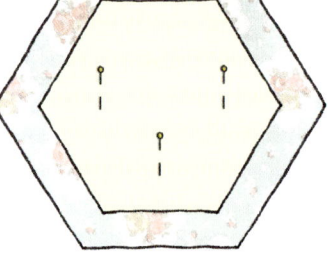

Schritt 3

Den überstehenden Stoff über die Papierkante herum falten und heften. Die Stiche müssen keinen Schönheitspreis gewinnen, denn Heftfäden und Papier werden später ohnehin entfernt. Das fertige Stoffteil muss genau so groß sein wie die Papiervorlage. Das Stoffteil heiß bügeln, damit die Kanten sauber und glatt ausfallen. Alle 20 Sechsecke und 6 Quadrate auf diese Weise vorbereiten.

abbygale

Material

20 ausgeschnittene Kopien der Vorlage für das Sechseck
6 ausgeschnittene Kopien der Vorlage für das Quadrat
verschiedene Stoffe (wir haben 6 verschiedene Stoffe verwendet), ca. 30 x 140 cm von jedem Stoff
alter Gardinenstoff (Store)
ca. 85 l Sitzsackfüllung (z.B. EPS-Kügelchen)

Schritt 4

Sie müssen nun 2 Teile zusammennähen: das erste aus 13 Sechsecken und 6 Quadraten (siehe Abbildung A), das zweite aus den übrigen 7 Sechsecken (siehe Abbildung B).

A

B

Am besten legen Sie die Stoffteile auf dem Boden aus, bevor Sie zu nähen beginnen, damit möglichst wenige gleiche Stoffmuster aufeinandertreffen.

Schritt 5

Wenn Sie mit der Anordnung zufrieden sind, diejenigen Stoffteile, die verbunden werden sollen, rechts aufeinander-legen und mit 1 cm Nahtzugabe zusammennähen. Dabei jeweils eine Kante jedes Teils verbinden und die Teile nach und nach zusammensetzen. Versuchen Sie, die Ecken besonders sauber und genau zu nähen, indem Sie die Nadel im Stoff lassen, das Nähfüßchen anheben und den Stoff drehen, bevor Sie das Nähfüßchen wieder absenken und weiternähen: So vermeiden Sie hässliche Wülste. Arbeiten Sie mit einem kurzen Geradstich, damit Ihr Sitzsack möglichst haltbar wird.

Schritt 6

Wenn Sie die beiden großen Teile fertig genäht haben, entfernen Sie Heftfäden und Papier. Das ist ein bisschen knifflig, aber Papier und Heftstiche sollten sich ganz einfach herausreißen lassen.

Schritt 7

Nun verbinden Sie die beiden großen Teile. Legen Sie die Teile wieder rechts auf rechts aufeinander, sodass die gebügelten Kanten übereinstimmen, und nähen Sie sie mit 1 cm Nahtzugabe zusammen. 2 Sechseckseiten zum Wenden und Füllen offen lassen.

Schritt 8

Die Patchworkhülle auf rechts wenden und die Sitzsack-Füllung einrieseln lassen. Wenn Sie lieber einen Futtersack für die Füllung arbeiten wollen, damit das Füllmaterial nicht austreten kann, nähen Sie einen passenden Sack aus einem alten Store und stecken ihn in die Hülle, bevor Sie den Sitzsack füllen.

Schritt 9

Die restlichen Nähte an der Wende- und Füllöffnung sorgfältig schließen.

Schritt 10

Lassen Sie sich in Ihren fantastischen neuen Sitzsack fallen, und entspannen Sie sich nach all der Näharbeit.

Wimpelgirlande

In unserem Haus hängt immer eine Wimpelgirlande: Sie flattern zu sehen, macht einfach gute Laune! Ich weigere mich, sie in einer Schachtel zu verstauen und nur zu Festen herauszukramen – deshalb lasse ich sie das ganze Jahr über an Ort und Stelle, sodass sie mich immer wieder zum Lächeln bringt. Die Girlande sieht zwischen Bäumen im Garten aufgehängt fantastisch aus, passt aber auch gut ins Kinderzimmer. Und wie all unsere Projekte ist sie ein hübsches Geschenk, vor allem, wenn Sie ihr eine persönliche Note verleihen. Auf die Wimpelgirlanden meiner Töchter habe ich deren Namen in Filzbuchstaben genäht, und die Mädchen finden das großartig.

Warum bis zur nächsten Party warten?

abbygale

Material

Stoffreste (50 x 30 cm reichen für 4 Wimpel)
kleine Knöpfe
Band (Sie können die Girlande in jeder beliebigen
Länge arbeiten; rechnen Sie für jeden Wimpel
25 cm Band.)

Schritt 1

Anhand der Vorlage für das Dreieck aus jedem
Stoffrechteck 4 Dreiecke zuschneiden.

Schritt 2

Entscheiden Sie, welche Stoffe Sie als
Vorder- und Rückseite zu Wimpeln
kombinieren wollen. Sie können
dabei Zufallspaare bilden oder nach
einem bestimmten Prinzip vorgehen.
Die Stoffdreiecke rechts auf rechts
aufeinanderstecken und entlang der
beiden Längsseiten zusammennähen.
Die Oberkante bleibt offen.

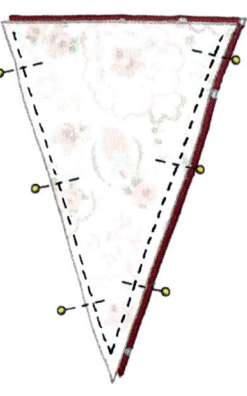

Schritt 3

Die Dreiecke auf rechts wenden und bügeln. Die Spitzen
können Sie mit einer Stricknadel oder etwas Ähnlichem
herausdrücken. Die offenen Kanten am oberen Rand
sorgfältig nach innen einschlagen und das gesamte Dreieck
rundherum absteppen, damit die Öffnung geschlossen wird
und der Wimpel glatt und sauber aussieht.

Schritt 4

Die Wimpel in gleichmäßigen Abständen auf das Band
stecken. Wir empfehlen einen Abstand von 15 cm zwischen
den Wimpeln sowie 30 cm freies Band am Beginn und am
Ende der Girlande. Wenn Sie mit der Anordnung zufrieden
sind, nähen Sie die Wimpel auf das Band.

Schritt 5

Als zusätzliche
Dekoration können
Sie auf jedes Dreieck
2 Knöpfe nähen.

Einfache Verzierungstechniken

Einfassung mit Schrägband

Eine Schrägbandeinfassung eignet sich hervorragend dazu, eine offene Kante zu verstecken und zugleich einen langweiligen Saum aufzupeppen. Es gibt viele wunderschön gemusterte Schrägbänder zu kaufen, sie lassen sich aber auch leicht selbst anfertigen. Das Schrägband aufklappen, rechts auf rechts kantenbündig auf den Stoff stecken und auf der Faltlinie entlang nähen. Den Rest des Schrägbandes zur anderen Seite des Stoffs umschlagen, dabei gegebenenfalls ein Zuviel an Nahtzugabe, Volumenvlies oder Einlage zurückschneiden. Sie können das Schrägband nun mit Saumstichen von Hand annähen. (Dabei müssen Sie sorgfältig darauf achten, dass die Stiche auf der rechten Seite des Stoffs nicht zu sehen sind.) Sie können die Rückseite der Einfassung aber auch mit der Nähmaschine „im Schatten der Naht" annähen: also auf der Linie, an der Einfassstreifen und Stoff auf der rechten Seite aneinanderstoßen. Für diese Methode brauchen Sie auf der Innenseite etwas mehr vom Einfass-Streifen als auf der Außenseite, aber ich ziehe trotzdem das Nähen mit der Maschine dem Handnähen bei weitem vor.

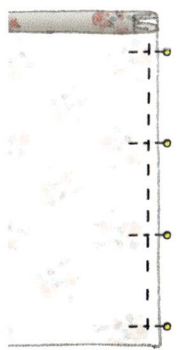

Französische Naht

Die französische Naht verdoppelt die Festigkeit der Naht und ist daher ideal für das Nähen von Kleidung. Außerdem verhindert sie das Ausfransen und sieht sauber und professionell aus. Diese Technik eignet sich hervorragend für ungefütterte Modelle, denn damit verhindern Sie, dass all diese ausgefransten offenen Kanten zu sehen sind. Nähen Sie die Stoffteile zuerst links auf links zusammen. Dann schneiden Sie die Nahtzugaben zurück, wenden die Naht nach innen, sodass die Stoffteile nun rechts auf rechts liegen, und nähen noch einmal: Die Nahtzugaben sind dann zwischen den beiden Nähten eingeschlossen.

Schlingstich

Wenn Sie den Schlingstich erst einmal beherrschen, werden Sie alles mit diesem reizenden Tüpfelchen auf dem i umranden wollen. Er ist einfach, macht Spaß, und Sie können ihn sogar vor dem Fernseher oder in der Mittagspause arbeiten. Alles, was Sie dazu brauchen, sind eine Nadel im großem Öhr und Stickgarn. Arbeiten Sie von rechts nach links an einer Stoffkante oder einem Saum entlang: Die Nadel von der Unterseite der Kante oder des Saums aus nach oben ausstechen. Den Faden mit dem Daumen unten halten. Die Nadel ein Stück oberhalb der Kante einstechen - so weit oberhalb, wie die Stiche lang werden sollen. Wieder durch die Stoffkante nach oben ausstechen. Die Nadel durchziehen und über die Fadenschlinge führen, sodass das Ergebnis aussieht wie hier:

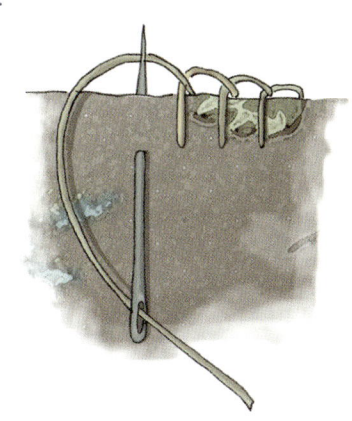

Knöpfe selbst überziehen

Zum Überziehen von Knöpfen können Sie hervorragend kleine Stoffrestchen aufbrauchen und zu neuen Ehren bringen. Das ist außerdem eine reizvolle Beschäftigung mit Kindern an einem Regentag. Ich verwende diese Knöpfe für alle Arten von dekorativen Projekten und nähe sie gern an Jacketts und Strickjacken. Schneiden Sie einen Stoffkreis aus, dessen Durchmesser etwas größer ist als der des Knopfes. Den Knopf mit der Vorderseite mittig auf die linke Seite des Stoffes legen und den Stoff über die Zähnchen auf der Innenseite des Knopfes ziehen. Alle Fältchen glattstreichen und die flache Metallplatte für die Rückseite in den inneren Rand drücken. Sie sollte mit einem Klick einrasten, sodass die Öse zum Annähen des Knopfes in der Mitte hochsteht.

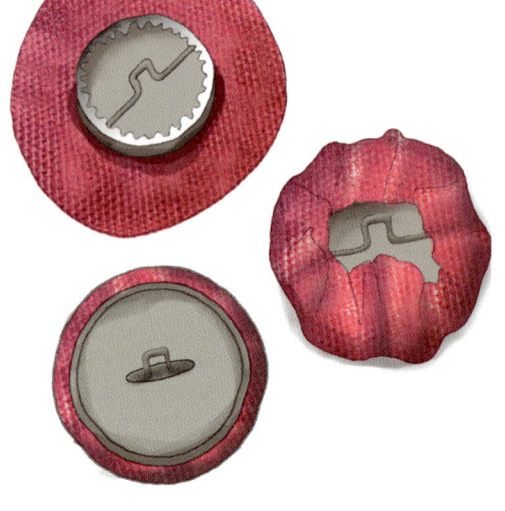

Rüsche

Verleihen Sie den Kanten von Kissenhüllen, Vorhängen, Röcken und Ärmeln eine witzige Note, indem Sie eine Rüsche anbringen. Heben Sie dafür alle langen Stoffstreifen auf und nähen Sie von Hand oder mit der Maschine. Verdoppeln Sie einfach die Länge der Kante, an die Sie die Rüsche nähen wollen, um den Stoffbedarf zu berechnen. (Wenn die Rüsche 50 cm lang werden soll, brauchen Sie 1 m Stoff.)
Eine Längsseite säumen, dann an der anderen Längsseite eine Reihe langer Vorstiche über die gesamte Länge arbeiten. Beide Fadenenden festhalten und die Vorstiche zusammenziehen, sodass der Stoff beginnt, sich einzureihen. Nehmen Sie sich die Zeit, die Fältchen gleichmäßig zu verteilen, und nähen Sie die Rüsche an Ihr Modell. Die offene Kante können Sie in der Naht verstecken oder einfach im Saum verschwinden lassen.

Jojo-Blüte

Ich bin geradezu süchtig nach dem Anfertigen von Jojo-Blüten, und Beth musste mich davon abhalten, sie an jedem Projekt anzubringen. Sie können sie einzeln verwenden oder mehrlagig zu wunderschönen Rosetten aufbauen. Wenn Sie dieselbe Technik verwenden, aber die Kreise zur Hälfte zusammenlegen, können Sie mit unterschiedlichen Blütenblattformen experimentieren. Schneiden Sie einen Stoffkreis mit ca. 15 cm Durchmesser aus und arbeiten Sie Vorstiche rund um die Kante. Den Faden anziehen, sodass die Stoffkanten zusammengezogen werden und die Jojo-Form entsteht. Die Blüte annähen und einen Knopf in die Mitte setzen, um die Reihstiche und die offene Kante zu verbergen.

Dank der Autorinnen

Vielen Dank an Clarke und Clarke, besonders an David, Sheila und Roy, an Jenny, Rita und Alan, Dan und Emily, Andrew und Jules, Dean und Gemma, Sally und Matt, Becky und James, Linzi und Tony, Zoe und Steve, Andy und Sara, Jo, Ceris, Luke, Becky und Gemma von Firefly, Becky F., Clare W., Katie, Cheryl, Barbara, Bill und Wendy, Helene, an das Cockington Court Craft Centre, an Claire, Emma V., Wendy, Ali, Coleen, Nicky, Catherine, Estelle, Lisa R. und die Mütter der Collaton St. Mary School, an Lisa J., Claire und all unsere Freundinnen fürs Babysitten, manchen guten Rat, Kaffee & Kuchen, Foto-Locations, allerlei Requisiten und ihre stete Unterstützung. Herzlichen Dank euch allen!

Impressum

Modelle: Emma Curtis & Beth Parnell
Übersetzung und Lektorat: Helene Weinold-Leipold
Fotos: Marcus & Beth Parnell, Tony Platt
Illustrationen: Marcus Parnell
Gestaltung und Layout: Beth & Marcus Parnell
Umschlaggestaltung: GrafikwerkFreiburg
Repro: Meyle + Müller GmbH & Co. KG, Pforzheim
Druck und Verarbeitung: Gruppo Editoriale Zanardi SRL, Italy

ISBN 978-3-8410-6199-7
Art.-Nr. OZ6199

© 2012 Christophorus Verlag GmbH & Co. KG, Freiburg
Alle Rechte vorbehalten.

Hersteller

Die Stoffe der Marke „Abbygale" sind erhältlich über Creative Hobbies Group.
Zu den Modellen „Vielzwecktäschchen" (S. 8), „Wandelbarer Umhängebeutel" (S. 12), „Tasche im Landhausstil" (S. 58) und „Handyhüllen im Vintage-Stil" (S. 62) sind Nähpackungen erhältlich, in denen alle benötigten Materialien enthalten sind.